汽车维修入门书系

汽车钣喷工维修

快速入门 60 天

第3版

李昌凤 主编

本书针对初学者的学习特点，以"每天一个专题"的形式，讲解了钣喷工应掌握的基础知识和基本维修技能。全书分为15章，涵盖钣喷工上岗、车身材料及性能、车身结构与碰撞知识、车身测量、汽车损伤评估与修复工艺、四轮定位、车身构件拆装、钣金件切割与拆解等内容。修订后随书赠送52个操作视频，扫码观看，快速学习。

本书着眼于培养读者实际操作能力，力求使初学者在60天内全面掌握汽车钣喷知识要点，达到即学即用的目标。本书既可作为广大一线钣喷维修和车身喷漆技工的重要参考资料，也可作为相关汽车院校师生的培训指导用书。

图书在版编目（CIP）数据

汽车钣喷工维修快速入门60天/李昌凤主编．—3版．—北京：机械工业出版社，2021.1

ISBN 978-7-111-67508-2

Ⅰ.①汽… Ⅱ.①李… Ⅲ.①汽车-钣金工②汽车-喷漆 Ⅳ.①U472.4

中国版本图书馆CIP数据核字（2021）第025338号

机械工业出版社（北京市百万庄大街22号 邮政编码100037）
策划编辑：连景岩 责任编辑：连景岩 王 婕
责任校对：张 薇 封面设计：鞠 杨
责任印制：常天培
北京虎彩文化传播有限公司印刷
2021年3月第3版第1次印刷
184mm×260mm·16.25印张·396千字
0 001—1 900册
标准书号：ISBN 978-7-111-67508-2
定价：69.90元

电话服务 网络服务
客服电话：010-88361066 机 工 官 网：www.cmpbook.com
　　　　　010-88379833 机 工 官 博：weibo.com/cmp1952
　　　　　010-68326294 金 书 网：www.golden-book.com
封底无防伪标均为盗版 机工教育服务网：www.cmpedu.com

前　言

在汽车维修行业专业化的背景下，很多汽车维修企业结合一线维修岗位的技术特点，将汽车维修人员分为机修工、电工、钣金工和喷漆工四个工种，其中，钣金工和喷漆工通常合称为钣喷工。为使初学钣喷技术的朋友们更从容地了解汽车车身结构，掌握汽车车身修复技能，提高从业技术能力和实践水平，我们特编写了《汽车钣喷工维修快速入门60天 第3版》一书。

本书重点强化了对钣喷操作过程和方法的指导，同时更加注重对钣喷知识要点的阐述。全书分为15章，涵盖钣喷工上岗、车身材料及性能、车身结构与碰撞知识、车身测量、汽车损伤评估与修复工艺、四轮定位、车身构件拆装、钣金件切割与拆解等内容。修订后随书赠送52个操作视频，扫码观看，快速学习。

本书将"基础知识"与"实际操作"结合，按由浅入深的原则分60天编排内容，简单实用，易学易懂。从使汽车钣喷修复工作与时俱进的角度出发，将理论与实际结合，力求使读者更快、更好地掌握汽车钣喷修复技术。本书既可作为广大一线钣金维修和车身喷漆技工的重要参考资料，也可作为相关汽车院校师生的培训指导用书。

本书由李昌凤任主编，参加编写的还有李富强、李素红、朱其福。在本书编写过程中，得到了许多汽车维修企业的大力支持和协助，并参阅了大量相关资料，在此对有关人员表示诚挚的感谢！

由于编者水平有限，书中难免有疏漏之处，恳请广大读者批评指正，以便再版时补充完善。

编　者

二维码清单

本书视频资源

序号	名称	页码	序号	名称	页码
1	支撑稳固车辆	9	27	拉钩勾住拉环	175
2	举升车辆	9	28	校正车身侧板	176
3	吊住发动机	10	29	松开手拉葫芦	176
4	二氧化碳气体保护焊机的焊接原理	25	30	打磨旧漆层	189
5	按压撑顶器手柄	35	31	原子灰调制	202
6	喷枪运动轨迹	52	32	调色漆	208
7	安装专用夹具及目标靶	100	33	准备试喷色漆	208
8	调整前束值	101	34	进行试喷	209
9	塞焊	141	35	重新测定颜色	209
10	修整成V形坡口	153	36	刮涂原子灰操作	219
11	裂缝的焊接	154	37	手工打磨原子灰操作	221
12	砂轮机打磨焊条	154	38	刮涂填眼灰	223
13	塑料件的粘接及冷却固化	167	39	打磨填眼灰	223
14	打磨损坏部位	167	40	刮涂速干原子灰	226
15	用砂纸进行水磨	167	41	去除砂纸痕	227
16	焊接后翼子板	170	42	棉毛巾擦干车身表面	228
17	焊缝打磨平整	170	43	喷漆表面的除油	237
18	定位后围板	171	44	用粘尘纸除尘	237
19	焊接后围板	172	45	准备色漆	238
20	修整焊缝	172	46	第一次喷色漆	238
21	修整后围板及其他部位	172	47	第二次喷色漆	238
22	焊接波纹线	173	48	车身喷清漆	239
23	拉拔车门槛	173	49	细砂纸进行简单水磨	241
24	去除焊痕	174	50	填补漆膜缺陷	241
25	打磨掉焊接拉环位置的漆层	174	51	漆面抛光处理	242
26	焊接拉环	175	52	抛光的操作方法	246

目 录

前言
二维码清单
第一章 钣喷工上岗必知必会 ………………………………………………………… 1
    第 1 天 钣喷工的素质与维修安全注意事项 ………………………………………… 1
    第 2 天 熟悉钣喷车间 ………………………………………………………………… 6
    第 3 天 举升和吊装设备的使用 ……………………………………………………… 8
    第 4 天 车身整形通用工具的使用 …………………………………………………… 10
    第 5 天 车身外形修复机的使用 ……………………………………………………… 19
    第 6 天 等离子切割机的使用 ………………………………………………………… 22
    第 7 天 二氧化碳（CO_2）气体保护焊机的使用 …………………………………… 24
    第 8 天 铝焊机的使用 ………………………………………………………………… 27
    第 9 天 点焊机的使用 ………………………………………………………………… 30
    第 10 天 车身大梁校正设备的使用 …………………………………………………… 32
    第 11 天 凹陷拉拔工具的使用 ………………………………………………………… 35
    第 12 天 气动工具的使用 ……………………………………………………………… 38
    第 13 天 电动工具的使用 ……………………………………………………………… 41
    第 14 天 常用量具的使用 ……………………………………………………………… 44
    第 15 天 喷漆工具及设备的使用 ……………………………………………………… 48
第二章 车身材料及性能必知必会 ……………………………………………………… 55
    第 16 天 车身金属材料 ………………………………………………………………… 55
    第 17 天 车身非金属材料 ……………………………………………………………… 60
第三章 车身结构与碰撞知识必知必会 ………………………………………………… 66
    第 18 天 汽车车身的结构 ……………………………………………………………… 66
    第 19 天 汽车碰撞情况分析 …………………………………………………………… 69
    第 20 天 汽车碰撞对车身结构的影响 ………………………………………………… 73
第四章 车身测量必知必会 ……………………………………………………………… 77
    第 21 天 车身碰撞损伤测量的基本原理及方法 ……………………………………… 77
    第 22 天 车身数据图的识读与测量 …………………………………………………… 83

第五章 汽车损伤评估与修复工艺必知必会 ········ 86
第23天 车身碰撞损伤诊断与评估 ········ 86
第24天 车身碰撞修复工艺方案的制订 ········ 89

第六章 四轮定位必知必会 ········ 94
第25天 四轮定位参数及其调整方法 ········ 94
第26天 四轮定位仪的操作方法 ········ 98

第七章 车身构件拆装必知必会 ········ 104
第27天 车门构件的更换与调整 ········ 104
第28天 保险杠的更换与调整 ········ 112
第29天 车身前部翼子板的更换 ········ 115
第30天 车身玻璃的更换 ········ 118
第31天 车架的更换 ········ 123

第八章 钣金件切割与拆解必知必会 ········ 126
第32天 钣金件的切割 ········ 126
第33天 钣金件焊点的拆解 ········ 129
第34天 钣金件铜焊的拆解 ········ 131

第九章 钣金件焊接工艺必知必会 ········ 134
第35天 焊接工艺基础知识 ········ 134
第36天 二氧化碳（CO_2）气体保护焊工艺 ········ 137
第37天 氧乙炔焊工艺 ········ 143
第38天 电阻点焊工艺 ········ 148
第39天 车身塑料件的焊接 ········ 152

第十章 钣金件修复技巧必知必会 ········ 155
第40天 车身修复方法和技巧 ········ 155
第41天 车身表面凹坑的修复 ········ 159
第42天 车身塑料件的修复 ········ 164

第十一章 车身钣金件更换与修复必知必会 ········ 169
第43天 更换后翼子板 ········ 169
第44天 更换后围板 ········ 171
第45天 车门槛凹陷的修复 ········ 173
第46天 车身侧板的修复 ········ 174
第47天 车身结构件的修复 ········ 177
第48天 铝车身的修复 ········ 181

第十二章 汽车喷涂前工序必知必会 ········ 184
第49天 车辆的清洗与评估 ········ 184
第50天 金属表面的处理 ········ 187
第51天 塑料表面的处理 ········ 192

第十三章 涂料与色漆的调配必知必会 ········ 195

| 第 52 天 | 涂料的调配 | 195 |
| 第 53 天 | 色漆的调配 | 203 |

第十四章　汽车喷涂施工必知必会 … 211
第 54 天	车身的遮盖	211
第 55 天	底漆的施工	215
第 56 天	原子灰的施工	218
第 57 天	中涂漆层的施工	224
第 58 天	面漆的施工	229

第十五章　面漆喷涂后的修整与护理必知必会 … 240
| 第 59 天 | 面漆喷涂后的修整 | 240 |
| 第 60 天 | 面漆喷涂后的护理 | 243 |

参考文献 … 249

第一章
钣喷工上岗必知必会

第1天　钣喷工的素质与维修安全注意事项

1. 了解钣喷工应具备的基本素质。
2. 牢记钣喷工维修安全注意事项。

基础知识

一、钣喷工的素质

汽车钣喷修复过程中，除设备、车间等硬性条件外，钣喷工的素质对修复结果也会起到非常重要的作用。应从以下方面着手来提高钣喷工的素质。

1. 接受专业培训

目前，钣喷工从业人员文化素质普遍较低。而一些文化素质较高的汽车维修人员缺乏对该行业的正确认识，不愿意从事钣喷工作，导致该行业人才匮乏、整体技术水平较低。同时，传统的"传、帮、带"方式已不能完全适应现代车身维修技术的发展。

随着新技术、新工艺和新材料在车身上的大量应用，钣喷工必须对车身结构、碰撞受损理论、新型车身材料、整形焊接、组装工艺、喷涂工艺等知识进行系统的学习，如图1-1所示。

2. 进行规范操作

规范操作的目的是在正确修复理论的指导下开展车身修复工作，在拉伸、测量、焊接及钣金件更换等工作中，不仅能将其外观形状修复到位，还能恢复其原有的性能状态。

如图1-2所示，在进行车身损伤点拉伸时，规范作业不仅要求将其恢复到原有尺寸，还应保证该点的数值是在自由状态下测量的，即采取一定的方法或手段消除应力后得到的最终标准数值。在实际工作中，很多钣金工并没有规范作业，往往是在损伤部位处于

图 1-1　钣喷专业知识的培训

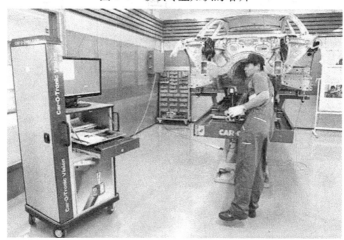

图 1-2　规范操作

拉伸状态时测量，随后对构件进行安装，这种方法是很不科学的，因为应力消除后会出现无法再安装的情况。

3. 树立大局观念

进行事故车修复时，例如进行车门、行李舱盖等构件的调整，钣金工不仅要注意它们与周围构件是否协调、间隙是否均匀等问题，还要考虑其密封性能。因此，在调整的过程中应树立大局观念，预见可能出现的故障。

如图 1-3 所示，在车门调整过程中，可以将一张明信片夹在车门与门框密封条之间，通过感觉明信片在拉动时的松紧程度来判定密封性能。在调整构件过程中，有时为了与相邻构件达到完美匹配，通常会采用调整螺钉甚至是轻微锉孔的方法。使用该方法时，只要控制在一定范围内，则一般不会影响整车的性能，但在改孔前一定要根据其位置去预见可能产生的后果。

4. 具备丰富的维修经验

在进行事故车修复时，维修经验是非常重要的，这是钣金工在长期工作中，经过不断地摸索、实践，积累和总结出的方法与技巧。具备丰富的维修经验不仅可以缩短作业时间、降低劳动强度，还能优化修复工艺并提高维修质量。

如图1-4所示，对于一些应力裂纹的焊接工作，最好的方法是在裂纹的起止点部位钻一个小孔，或焊接时先使用大电流或火焰将端点部位击穿后再焊接，这样可以有效保证焊接后的质量。如不按此方法操作，则裂纹可能会反复开裂，造成不必要的麻烦。另外，使用气焊完成作业收枪时，动作一定要慢，以使熔池中的气体充分溢出，确保焊接质量。

图1-3　车门调整

图1-4　焊接工作

二、钣喷工的维修安全注意事项

1. 钣喷工的安全与防护

（1）个人安全准则

1）掌握信息。使用设备前要认真阅读说明书。

2）穿戴个人防护用品，如头罩、安全眼镜、防尘面具、工作服。

3）禁止打闹。

4）正确运用工具。

（2）身体防护

1）供气式呼吸器。供气式呼吸器是带外部供气系统、护眼罩、防毒（活性炭过滤）器、供气调节器的安全面罩，可在全封闭环境（如烤房等）进行作业。附件有2根软管、1个快速接头、5个更换贴片、4个滤芯，如图1-5所示。

2）滤筒式呼吸器。滤筒式呼吸器主要用于过滤油漆、有机化学品、灰尘等。它配备的双活性炭滤芯，适合大强度作业，一般配有2个滤芯，如图1-6所示。

3）防尘口罩。防尘口罩专用于进行研磨、清洁工作时的防尘、防灰，如图1-7所示。钣金工在进行打磨漆面等有灰尘产生的工作时应戴防尘口罩。

图1-5　供气式呼吸器

4）防护眼镜。防护眼镜可在进行打磨、抛光工序时防护眼睛，其质地柔软，能增加佩戴人员长时间工作时的舒适感，除开有通气孔外，全部密封，如图1-8所示。

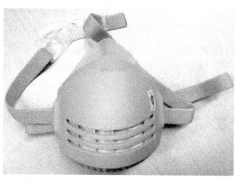

图1-6　滤筒式呼吸器　　　　　　　　图1-7　防尘口罩

5）焊接面罩。焊接面罩采用防火材料，视窗尺寸为90mm×40mm，如图1-9所示。其灵敏度和恢复时间可调节，响应速度为1/30000~1/20000s（明态到暗态），恢复时间为0.1~1s（暗态到明态）。采用不同焊接方式时的遮光号选用标准：明态时为DIN4；暗态时为DIN9-13（可调遮光号，以适合在不同环境条件中作业）。工作温度为-5~55℃。供电方式为太阳能电池和内置式锂电池。

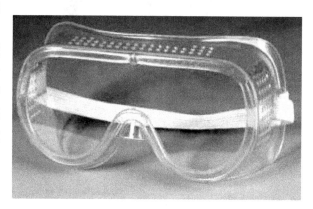

图1-8　防护眼镜

6）耳罩。为防止噪声对耳朵的伤害，钣金工操作时应该戴耳罩，如图1-10所示。

图1-9　焊接面罩　　　　　　　　　图1-10　耳罩

7）工作服。穿戴工作服可有效保护钣喷工，如图1-11所示。

8）手套。进行钣喷操作时应根据需要戴防护手套（图1-12），避免飞溅物伤手。

图1-11　穿戴工作服

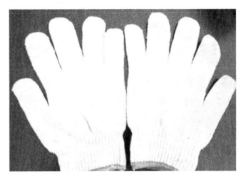
图1-12　手套

2. 工具设备的安全操作

（1）手动工具

1）使用工具前必须熟知其性能、特点，及使用、保管、维修和保养方法。

2）工作前必须对工具进行检查，严禁使用有腐蚀、变形、松动、故障或破损的不合格工具。

3）带有牙口或刃口尖锐的工具及转动部分应有防护装置。

4）使用特殊工具时，应有相应安全措施。

5）小型工具应放在工具袋中妥善保管。

（2）气动工具

1）使用气动工具时，气源应装气水分离器，以免混浊空气进入，磨损工具。

2）供气的软管使用前应进行吹洗，操作时不得对人，与套口连接应牢固。

3）气管不得变成锐角，遭受挤压或受到损坏时，应立即停止使用。

4）气动工具使用过程中，沿气管方向不得站人，以防风管脱口伤人。

5）如需更换工具附件，则应待气体全部排出、压力下降后，才可进行操作。

6）使用冲击性气动工具（气锤、气镐、气铲、气枪等）时，必须将工具置于工作状态才能通气。

7）不准用压缩空气清洁衣物。

（3）电动工具

1）使用电动工具前必须熟知其性能、特点，及使用、保管、维修和保养方法。

2）在潮湿地带或金属容器内使用电动工具时，必须有相应的绝缘措施，并有专人监护。

3）电动工具的插头应设在便于监护人观察、操作的地方。

你学会了吗？

1. 如何提高钣喷工素质？

2. 钣喷工的安全与防护有哪些注意事项?
3. 工具设备的安全操作注意事项有哪些?

第2天　熟悉钣喷车间

学习目标

1. 了解钣喷车间工作区布置。
2. 熟悉钣喷车间设备情况。

基础知识

一、钣喷车间工作区布置

钣喷车间工作区布置主要分为车身修复工作区和车身喷涂工作区,如图1-13所示。

1. 车身修复工作区

该工作区一般分为钣金件加工测量、钣金件加工校正、车身校正和车身材料存储等区域。

1)在车身修复工作区要完成事故车辆的检查、车辆零部件的拆卸、钣金件修理、车身测量校正、车身钣金件更换和车身钣金件装配调整工作。

2)车身测量校正、车身焊接和车身装配调整一般在一个固定的区域进行,即车身校正工位。车身校正仪的平台一般长5~6m、宽2~2.5m,为确保操作安全,其外围要留1.5~2m的操作空间,即校正工位一般应长8~10m,宽5~6.5m。

2. 车身喷涂工作区

该工作区一般分为喷涂区、调漆间、烤漆房等,用于完成喷漆作业。

a) 车身修复工作区

b) 车身喷涂工作区

图1-13　钣喷车间工作区布置

二、气路及电路布置

钣喷车间工作区要使用压缩空气和电源,因此气路和电路要布置合理。如图1-14所示,空气压缩机房是供气系统起始部分,是整个压缩空气供应系统的心脏,主要用于提供充足且达到预定压力值的高压压缩空气,以确保钣喷车间所有的气动设备都能有效工作。

三、钣喷车间设备及工具

钣喷车间设备及工具主要集中在维修车间，如图1-15所示。设备及工具主要有手动工具、气动工具、电动工具、液压工具、焊接工具、举升机、车身（大梁）校正仪、烤漆房等。

四、钣喷工配置

钣喷工一般分成若干个小组，每个小组都有组长（师傅）、普通工、实习生（学徒）。在

图1-14　空气压缩机房

平常的工作和生活中，组员间应相互增进了解，建立良好的工作关系，遇到问题相互请教，以集体利益为重。

新手入行一般从实习开始。刚开始，钣喷工师傅可能不放心让新手直接动手操作，而只是让其给自己打下手，负责传递、收拾工具，打扫维修场地等。这些简单但枯燥的工作可能持续几个月，这对新手来说是一个考验。这时就需要新手有耐心，并积极主动向师傅请教，尽快掌握一些操作技术要点。钣喷技术水平的提高主要依靠自学，因此新手在工作过程中要善于观察、认真思考，刻苦钻研理论知识，这样才可能迅速提高，成为一名合格的钣喷工。

图1-15　钣喷车间设备及工具

你学会了吗？

1. 钣喷车间工作区如何布置？
2. 钣喷车间气路及电路如何布置？
3. 常见的钣喷车间设备及工具有哪些？
4. 钣喷新手入行有哪些注意事项？

第3天　举升和吊装设备的使用

学习目标

1. 了解举升机和吊装设备的作用。
2. 熟悉举升机的使用方法。
3. 熟悉吊装设备的使用方法。

基础知识

一、举升机的使用

举升机主要用于举升汽车离开地面至一定高度，便于钣金工维修操作。常用的举升机有剪式举升机、双柱式举升机（图1-16）和四柱式举升机等。下面以双柱式举升机为例说明举升机的使用方法。

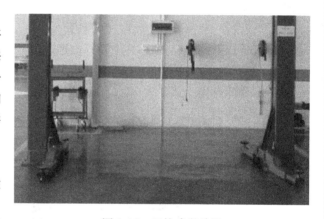

图1-16　双柱式举升机

1. 开机前准备

1）检查举升机是否处于校验合格期内。

2）检查举升机是否处于良好状态，气压是否正常。

3）检查举升机电源是否接地，电压或电流是否达到正常值。

4）检查操纵按键是否正常，清理好工作区域内的工具杂物。

5）检查链条和钢丝绳是否正常，是否保持足够的润滑。

6）检查底座上的膨胀螺栓或地脚螺栓是否松动，及时加固调整以确保设备运行平稳。

7）检查油箱内机油容积是否达到设备正常工作的允许值（2/3）。

2. 开机

1）打开举升机电源。

2）在举升机每日第一次使用前，进行空载运行检查。

3）先将举升机托臂降落在最低位置，方可将车辆驶入，车头朝向走道。

4）调整托盘使其高度一致，将托臂移动到被托车辆的适合位置，再分别转动四只橡胶托盘，使其均距车身位置相等，如图1-17所示。

5）按上升按钮，车辆离地10~15cm时停止升起（图1-18），检查各支点是否牢固、车辆是否稳定。确认安全后，方可继续举升工作。

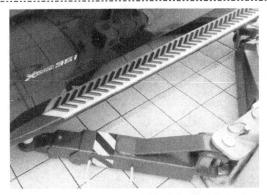
图1-17 将托臂移动到被托车辆的适合位置

图1-18 车辆举升离地 10~15cm

支撑稳固车辆

举升车辆

6) 汽车随着托臂上升时，随时观察保险钩的工作情况，不得有卡滞现象。

7) 当汽车升至所需的高度时，松开上升按钮即可停止上升，然后锁止保险钩方可在车底进行作业。

8) 放下汽车前应先举升汽车，将保险钩打开，再按下降按钮使汽车缓慢下降至最低为止，移开托臂。最后驶出汽车并清洁工位。

二、吊装设备的使用

在钣金作业过程中，当需要拆下手动/自动变速器总成而不需要拆下发动机总成时，往往要用到一种暂时吊住发动机的吊装设备，这种工具主要由发动机支撑架和吊杆组成。发动机支撑架和吊杆的使用方法如下：

1) 关闭点火钥匙，断开蓄电池负极电缆。

2) 如图1-19所示，将吊耳安装在发动机上。

图1-19 将吊耳安装在发动机上

3) 拧紧发动机支撑架上的两个固定螺母，将发动机支撑架的支撑脚放置在前车身（翼子板）上，如图1-20所示。

4) 用吊钩钩住吊耳，然后用力旋转吊钩大螺母，直到吊钩吊住发动机不松弛即可，如图1-21所示。装好吊装工具后安全地升起汽车，在汽车底盘下单独拆下手动/自动变速器总成。

图 1-20　安放发动机支撑架

图 1-21　吊住发动机

吊住发动机

 你学会了吗?

1. 举升机有哪几类？
2. 如何使用双柱式举升机？
3. 发动机吊装设备由哪些部件组成？
4. 如何使用发动机吊装设备？

第 4 天　车身整形通用工具的使用

 学习目标

1. 了解车身整形通用工具的种类及使用范围。
2. 学会使用车身整形通用工具。

基础知识

一、钣金锤

1. 钣金锤用途与类型

钣金锤一般用于汽车制造和汽车车身修复。汽车车身覆盖件被划伤或撞伤后,要用钣金锤一点一点地敲击,使其恢复原形。如图1-22所示,钣金锤主要分为球头锤、铁锤、橡胶锤、尖嘴锤、整平锤等。进行钣金修复时,应根据被修整部位的变形情况及钣金件的材质特点,选用不同的钣金锤。

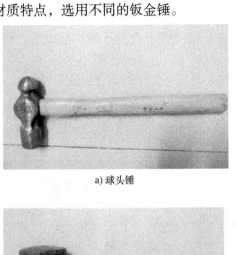
a) 球头锤

b) 铁锤

c) 橡胶锤

d) 尖嘴锤

e) 整平锤

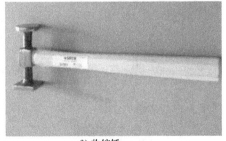
f) 收缩锤

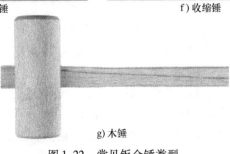
g) 木锤

图1-22 常见钣金锤类型

1）球头锤。球头锤是钣金修复中的多用途工具，主要用于校正车身弯曲结构，一般用于初成型车身部件。

2）铁锤。铁锤是修复损坏钣金件所必需的工具，主要用来敲打损坏的金属钣金件，使其大致恢复原形。

3）橡胶锤。橡胶锤用于柔和地敲击薄钣金件，不会损坏油漆表面。

4）尖嘴锤。尖嘴锤又称为"镐锤"，用于维修小凹陷，其尖端用于将凹陷从内部锤平，对中心部位柔和地轻打即可，其平端与顶铁配合作业可去除高点和波纹。

5）整平锤。整平锤的锤头有圆有方，锤面平整略有弧度，用于整平车身外板。

6）收缩锤。收缩锤锤面呈锯齿状，敲到钣金件上会留下细小的点痕，可有效控制整平过程中产生的金属延展。

7）木锤。轻质木质锤头，在钣金件整平时可有效抑制车身金属延展。

2. 钣金锤的基本使用方法

1）根据被修整部位的变形情况及钣金件材质特点，选用不同的钣金锤。如对薄钣金件应选用木锤或硬质橡胶锤进行锤击；对钣金件上的小凹陷，可用尖嘴锤逐个轻微敲击以修平，如图1-23所示。

2）钣金锤的正确使用方法如图1-24所示。用手轻握钣金锤手柄的端部（相当于手柄全长的1/3位置）。锤柄下面的食指和中指应适当放松，小指和无名指则应相对用力一些，以形成一个支点。拇指用于控制锤柄向下运动的力度，依靠手腕的动作来挥动锤子，并利用钣金锤敲击零件时产生的回弹力沿一个圆形的运动轨迹来敲击，这样能更好地控制锤子。禁止像钉钉子那样让锤子沿直线轨迹运动，也不可靠手臂或肩部的力量挥动锤子。

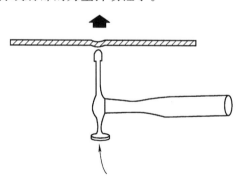

图1-23 尖嘴锤用于修平微小凹陷

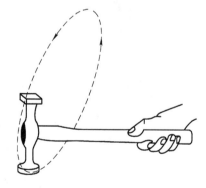

图1-24 钣金锤的正确使用方法

3）很少的几次猛烈敲击对钣金件造成的延展比多次轻微敲击对钣金件造成的延展还要多，因此以100~120次/min的频率进行轻微敲击能够将延展变形控制在最小范围内。

4）锤击作业质量的关键在于落点的选择，一般应遵循"先大后小、先强后弱"的原则，从变形较大处开始按顺序敲打，并保证锤头以平面落在金属表面上。同时，还要注意分析构件的结构强度，有序排列钣金锤的落点，锤击过程中应保证落锤点间隔均匀、排列有序，直至将车身钣金件的表面损伤修平。

5）大多数锤子端部都有小曲面，因此锤子端部与金属的实际接触面积约等于直径为 10~13mm 的圆的面积。应根据钣金件表面形状、钣金件厚度及变形量，来合理选择钣金锤的尺寸和锤顶曲面的隆起高度，如图1-25所示。一般平面或稍有曲面的钣金锤适于修复平面或低幅度隆起表面；凹形或球形锤适于修复内边曲面板；重锤则适于粗加工或厚钣金件的修复。

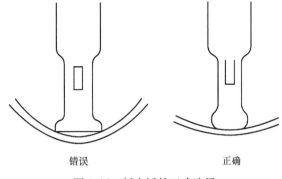

图1-25　钣金锤的正确选择

二、顶铁

1. 顶铁的用途与类型

顶铁由高强度钢制成，像铁砧一样，用在粗加工和锤击加工中，可以用手握持，顶在被敲击金属钣金件的背面。从钣金件正面用锤敲击时，顶铁会产生反弹力。每次敲击后均应重新定位。这样，通过钣金锤和顶铁的配合工作使凸起的部位下降，使低凹的部位隆起。

常见的顶铁有高隆起、中隆起、低隆起、平凸起等类型，使用时应根据钣金件的结构和形状来选择。

1）通用顶铁（图1-26a）。通用顶铁有多种隆起，可用来粗加工挡泥板的隆起部分和车身的不同曲面，校正挡泥板凸缘、装饰条和轮缘，以及收缩金属钣金件平面和金属钣金件隆起面、修正焊接区等。

2）中隆起顶铁（图1-26b）。因为中隆起顶铁的质量大，而且很容易控制在平面金属钣金件上，所以常用来使金属钣金件变薄或使薄金属钣金件收缩。中隆起顶铁可用来对车门内侧、发动机舱盖、挡泥板的平面和隆起面及柱杆顶部进行钣金修复。

3）足跟形顶铁（图1-26c）。足跟形顶铁用来在钣金件上制造较大面积的凸起，校直高隆起或低隆起的金属板、长形结构件和平面板件。

4）足尖形顶铁（图1-26d）。足尖形顶铁用来收缩车门板、挡泥板裙板、柱杆顶部及各类盖板，也可用来在挡泥板的底部制造卷边和凸缘。该顶铁特别适于粗加工金属钣金件，因为它的一个面非常平，而另外一面微微隆起。但是使用该顶铁时，不应过度锤击。

2. 顶铁的基本使用方法

1）顶铁在钣金修平中起到重要作用。凡是便于放入顶铁的部位，都应将顶铁放在受损钣金件的内面。用前臂对顶铁施加压力，使其抵在钣金件金属的内表面上，如图1-27所示。敲击时，顶铁起到了铁砧的作用。

2）如图1-28所示，必须选择一个工作表面与所修正的钣金件形状基本一致（即半径与要修理的金属钣金件的曲面一样大或略小）的顶铁，避免造成额外损坏。依顶铁与钣金锤的相对作用位置，操作方法可分为钣金锤与顶铁错位敲击（偏托）和钣金锤与顶铁正对敲击（正托）两种，如图1-29所示。

a) 通用顶铁

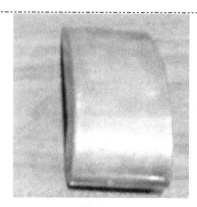
b) 中隆起顶铁

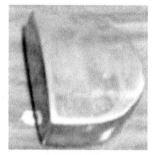
c) 足跟形顶铁

d) 足尖形顶铁

图 1-26　常见顶铁

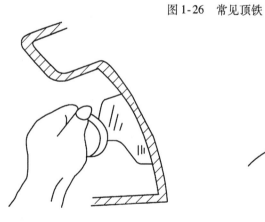

图 1-27　顶铁的正确使用

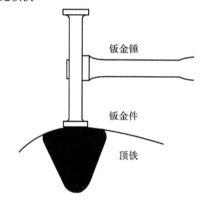

图 1-28　顶铁的选择

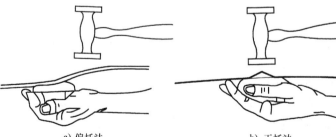

a) 偏托法　　　　　b) 正托法

图 1-29　顶铁与钣金锤的相对作用位置

① 偏托法操作可避免修复过程中小程度的受力不均,很小的压痕、很小的起伏和轻微的皱折都可用这种方式进行修复,而不会损坏漆层。钣金锤击打的是钣金件的正面凸起处,而顶铁击打的是背面的凹陷处,因此不易造成金属钣金件延展变形,常用于精修前粗加工过程中的局部变形校正,或校直钣金件的较大变形。

② 正托法敲平容易使金属钣金件形成延展变形。若金属钣金件在敲平过程中过分承受锤击,则受锤击部位的钣金件会变薄且面积变大,而这块钣金件被没有受到锤击的金属紧紧包围,不能向任何方向扩张,多余的金属只能向上或向下移动。因此,正托法常用于修平钣金件和延展金属,必要时需进行收缩操作以消除金属的延展变形。

三、撬镐

1. 撬镐的用途与类型

撬镐用于进入有限的空间,通过头部将合适大小的凸出点撬起。撬镐主要分为小弧度撬镐和大弧度撬镐,如图1-30所示。实际工作中,应根据不同长度和形状的钣金件来选择撬镐。常用其消除车门、侧围板和其他封闭断面上的小凹痕。

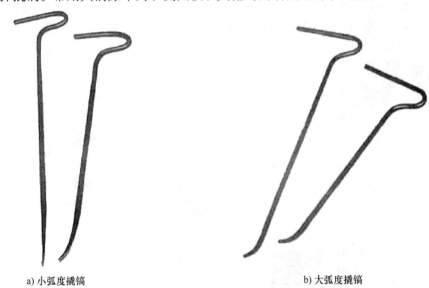

a) 小弧度撬镐　　　　　　　b) 大弧度撬镐

图 1-30　常见撬镐

1) 小弧度撬镐。小弧度撬镐端部为一个小弧度的镐头,U形端为把手。这种撬镐用在车门、车门槛板和后顶盖侧板等处。使用时,把撬镐通过板件上的孔穿入结构内部,使镐头对准板件上的小凹点,通过把手用力撬即可。

2) 大弧度撬镐。大弧度撬镐与小弧度撬镐形状相似,但镐头更长,在需要较长镐头才能达到凹痕的情况下使用。

2. 撬镐的基本使用方法

如图1-31所示,用冲头在钣金件内部结构件上的适当部位打孔,以便于使用撬镐及在敲平中调整接触部位。然后,将撬镐直接插到钣金件下部,通过撬镐的头部将合适大小的凸出点撬起。由于撬镐能伸及的范围比较大,其一般用于撬起内部板件总成上的凹陷。

四、修平刀

1. 修平刀的用途与类型

修平刀主要用于抛光表面,它可以把敲击力分布到一个较大的区域上,从而迅速地把隆起敲平,且不损坏板件的其他部位。如图 1-32 所示,修平刀通常可分为专用修平刀、冲击修平刀、成形修平刀和弯曲修平刀等。

2. 修平刀的基本使用方法

1)修平刀的使用方法如图 1-33 所示。将修平刀插入并钩住凹陷部位,用木锤或尼龙锤敲击凹陷部位周围的隆起,使

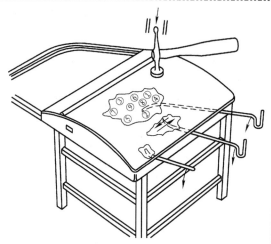

图 1-31 撬镐的基本使用方法

变形逐渐减轻,也可用修平刀将凹陷板面直接顶起。修平至一定程度时,再改用金属锤对变形部位做进一步修整。修平刀在形状上要求与修正表面相近,工作面的宽度可适当大一些。修平刀在修平的过程中主要起支撑作用,接触面积过小则很容易使金属表面留下印痕。

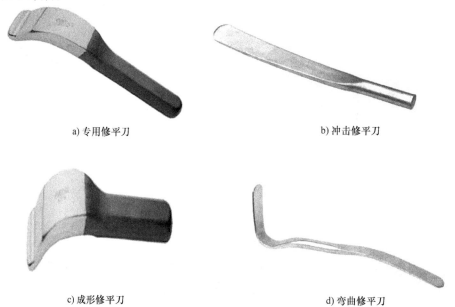

图 1-32 常见修平刀

2)如图 1-34 所示,运用修平刀进行修平操作时,应注意控制锤击力度。受修平刀支点选择的影响,其端面与变形部位的顶贴力度不易控制。与顶铁法相比,修平刀法的敲击力度要相对小一些,在轻轻敲击的过程中还应特别注意顶贴位置和敲击部位的变化情况。使用修平刀还应注意支点的选择,要避免以车身的某些薄弱部位作为支点,不得已时应垫上木板以免造成支点变形。无论采取哪一种办法,都应遵循"敲高顶低"的原则,并注意随时调整顶点和锤点的位置。

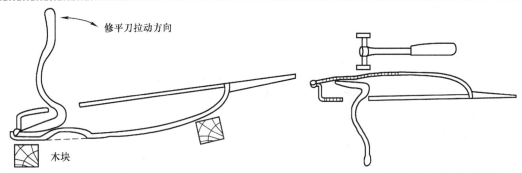

图 1-33　修平刀的基本使用方法　　　图 1-34　运用修平刀进行修平操作

五、锉刀

1. 锉刀的用途与类型

锉刀是用于修整锤、顶铁、修平刀等钣金工具作业留下来的凹凸不平痕迹的钣金专用工具,适合对加工后较粗糙的表面进行光洁处理。如图 1-35 所示,锉刀分为柔性车身锉和弧形锉等。

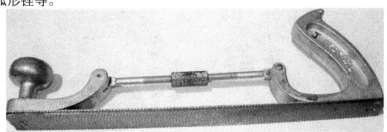

a) 柔性车身锉

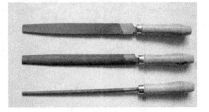

b) 弧形锉

图 1-35　常见锉刀

1) 柔性车身锉。柔性车身锉可对钣金件上任何需加工的凹凸点进行修复。但不要让锉片过度弯曲,防止锉片折断。

2) 弧形锉。弧形锉用于修整尖隆起面、折边及调整装饰条的平直程度。

2. 锉刀的基本使用方法

1) 使用锉刀作业时,要成一定角度而不要顺着锉刀直行前进。如果顺着锉刀直进,则会把钣金面锉出凹痕。使用过程中,仅轻轻施加压力于锉刀上进行推锉即可,过重的压力会使锉刀过分切削金属钣金件,但是也需要有适当的压力以防止锉刀跳动。当锉平坦部位时,使锉刀与推进方向成 30°角水平地推,如图 1-36 所示。

2) 当锉隆起部位时,应将锉平放,并沿着变平的凸起处平推,或者沿着凸起处最平坦的方向平放,以 30°或更小的角度向一边推,如图 1-37 所示。

 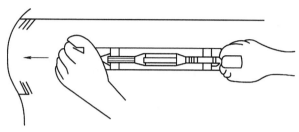

图 1-36　在平坦部位进行锉刀作业　　　　图 1-37　在隆起部位进行锉刀作业

六、钣金钳

1. 钣金钳的用途与类型

钣金钳主要用于夹持钣金件以进行焊接、磨削等加工，其特点是钳口可以锁紧并产生很大的夹紧力，使被夹紧钣金件不会松脱，而且钳口有很多档调节位置，适用于不同厚度的金属件。如图 1-38 所示，钣金钳可分为尖嘴带刃钣金钳、焊接用钣金钳、C 形钣金钳、铁皮钣金钳等，使用时根据需要进行选择。

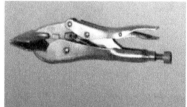 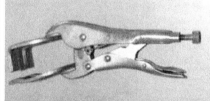

a) 尖嘴带刃钣金钳　　　　　　　b) 焊接用钣金钳

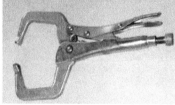 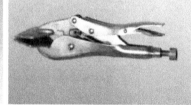

c) C 形钣金钳　　　　　　　　　d) 铁皮钣金钳

图 1-38　常见钣金钳

2. 钣金钳的基本使用方法

如图 1-39 所示，将钣金钳开口调整到合适的档位，然后用力将需要夹紧的部件夹紧即可，它主要在安装或焊接时使用。

图 1-39　钣金钳的使用方法

你学会了吗?

1. 车身整形通用工具有哪些?
2. 车身整形通用工具各有哪些类型和特点?
3. 车身整形通用工具各起什么作用?
4. 车身整形通用工具如何使用?

第5天　车身外形修复机的使用

学习目标

1. 了解车身外形修复机的结构及其工作原理。
2. 熟悉车身外形修复机的使用方法及其注意事项。
3. 学会车身外形修复机的实际操作流程。

基础知识

一、车身外形修复机结构及工作原理

车身外形修复机又叫作整形机,属于电阻焊接设备,其结构及附件如图1-40所示。

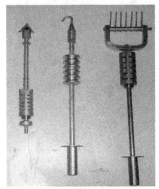

a) 外观　　b) 控制面板　　c) 修复机工具

图1-40　车身外形修复机结构及附件

它利用电极头夹持的各种附件与钣金件接触,通过大电流使接触部位产生电阻热,以获得修复工艺需要的各种功能。车身外形修复机的常用功能包括焊接垫圈、焊接蛇形线、与拉力锤安装在一起的焊接极头,还可使用铜触头和碳棒进行收缩操作。目前,市场上的车身外形修复机种类较多,功能不一,但工作原理基本一致。

二、车身外形修复机的使用方法

1) 首先在需要修复的凹陷部位,用打磨机将油漆、锈蚀打磨干净,如图1-41所示。

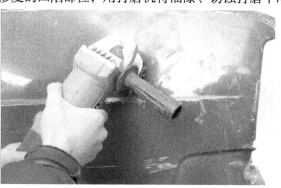

图1-41 磨除旧漆膜

2) 将搭铁线连接到离损伤部件较近的部位。

3) 状态选择开关置于"自动"档,时间调节器调到0.2～0.4s。电流调节器置于B档或C档,时间及电流的调节视钣金件厚度而定。

4) 打开电源,用配备的介质夹头夹好垫圈并压紧在金属板上,按住手柄开关,待到时后,即可焊好一个垫圈,如图1-42所示。

5) 用拉力锤钩住垫圈往外敲打,直至把凹陷的部位修复。损伤为沟槽型时,可用波纹线及波纹线焊接枪头焊接,再用爪式顶拔器向外拉拔;也可将垫圈焊成一条直线,在孔中穿上铁棒,用牵引工具向外拉拔以进行拉伸修复,如图1-43所示。

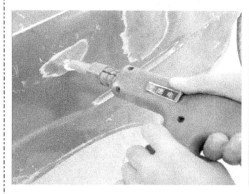

图1-42 焊接垫圈

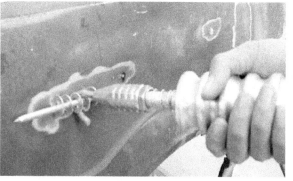

图1-43 拉拔操作

6) 完成后需要拆除使用过的垫圈时,用介质夹头夹住,左右拧就可以轻松拆下来。

7) 拉伸修复操作完成后,在盘式打磨机上装打磨纸,轻轻将凹凸面磨平。

8）最后对金属板上去除涂层的部位进行防腐处理，注意金属板上焊点的反面和搭铁都要进行处理。

三、车身外形修复机使用注意事项

（1）安全操作注意事项

车身外形修复机在设计上充分考虑了安全性，但为避免出事故，使用前仍应认真阅读使用说明书。

1）接入电源的线路中，必须安装与车身外形修复机型号相适应的断路器和漏电保护器。

2）车身外形修复机必须可靠接地。

3）不要接触带电部位。

4）不要使用容量不足及绝缘损坏的电缆。

5）不允许在卸下机壳的情况下使用。

6）不用时必须切断电源。

（2）注意预防火灾等灾害

1）焊接和加热钣金件有引起火灾的危险。

2）电缆连接不良处，接地不良等电流回路不完全接触时，会引起通电发热，有引起火灾的危险。

3）不允许在盛有可燃性物质的容器（如汽车燃油箱）上焊接加热，即使这些容器是空的，仍有可能引起爆炸。

4）作业场所附近不允许有可燃物及易燃气体。

5）手指、头发、衣服等不要靠近冷却风扇旋转部位。

6）工作过程中的飞溅物、打磨作业产生的铁粉进入车身外形修复机内部，会导致车身外形修复机绝缘恶化，进而引发火灾。为防止飞溅物、铁粉进入车身外形修复机内部，打磨作业时，应使车身外形修复机远离打磨现场，并关闭电源开关。

（3）个人防护

1）使用时应戴绝缘手套。

2）工作时，钣金件涂层受热会产生有害的烟火和气体，建议使用呼吸保护用具。

你学会了吗？

1. 车身外形修复机结构及工作原理是什么？
2. 车身外形修复机使用方法有哪些？
3. 车身外形修复机注意事项有哪些？
4. 车身外形修复机操作流程是怎样的？

第6天　等离子切割机的使用

1. 了解等离子切割机的结构及其特点。
2. 熟悉等离子切割机的使用方法及其注意事项。

一、等离子弧切割机结构及工作原理

等离子弧切割机的结构如图1-44所示。等离子弧切割是利用高温等离子电弧的热量使工件切口处的金属局部熔化（和蒸发），并借高速等离子的动量排除熔融金属以形成切口的一种加工方法。

等离子弧切割法配合不同的工作气体可以切割各种氧-乙炔切割法难以切割的金属，对于有色金属（不锈钢、铝、铜、钛、镍）切割效果更佳。其主要优点在于切割厚度不大的金属时，切割速度更快。尤其在切割普通碳素钢薄板时，速度可达氧－乙炔切割法的5~6倍，且切割面光洁、热变形小，几乎没有热影响区。

图1-44　等离子弧切割机

二、等离子弧切割机使用方法

（1）操作准备

1）检查外接电源是否准确无误。

2）检查设备地线是否已夹持在金属钣金件上。

3）接通气源，排放积水。

4）检查电源开关是否在"断"位。

5）闭合供电总开关，此时风扇开始工作，注意检查风向，风应该朝里吹，否则主变压器会得不到通风冷却，导致工作时间缩短。

6）将面板上的电源开关扳到"通"位，电源指示灯点亮。此时，应有压缩空气从割炬中流出。注意过滤减压阀压力表指针是否在200~400kPa位置，若压力不符，则应在气体流动的情况下，调节过滤减压阀压力表上部旋钮，顺时针转动为增加压力，反之则降低。

7)让气体流通数分钟,以除去焊炬中的冷凝水气。

(2)切割操作

1)割炬与金属钣金件接触,按下按钮即可切割。可从金属钣金件边缘开始切割。当金属钣金件板材厚度不大时,也可在金属钣金件任何一点开始切割。割炬可垂直于金属钣金件或向一侧略微倾斜。但在金属钣金件中间开口时,割炬应略向一侧倾斜,以便吹除熔化金属,割穿金属。

2)将手把按钮按下并保持主电路接通,此时高频振荡器开始工作,直至切割电弧形成,高频振荡器即停止工作。此后可依靠割炬的移动来进行切割,同时切割指示灯点亮。

3)切割时须割穿金属后才能均匀移动,否则会损坏喷嘴。移动速度过快或过慢会影响切割质量。

4)切割气压的调整:切割气压过高,流量过大,会影响切割厚度;切割气压过低,会影响喷嘴的使用寿命。

5)提起割炬离开金属钣金件前,必须松开手把按钮。此时,等离子弧熄灭,切割过程停止。

6)切割过程中,若因割炬离开金属钣金件超过2mm而熄弧,则需重新起弧。

7)因连接工作时间太长造成主变压器温度超过110℃时,热控保护开关动作,设备将自动关闭,无法起动。应待变压器冷却后再重新起动。

8)经常排除过滤减压阀中的积水,即逆时针旋转最下部螺钉,排除积水后再拧紧。若压缩空气中含水量过多,则应考虑在过滤减压阀与气源间再加一个过滤阀,否则会影响切割质量。

9)未切割金属钣金件时,尽量少按割炬按钮,以免损坏金属钣金件。

10)切割结束后,切断电源开关和气源阀。

三、等离子切割机的使用注意事项

1)操作前应熟读操作说明。
2)切割金属钣金件应在通风良好的环境中进行。
3)设备通电后不得拆卸箱壳及接触带电零件。
4)更换割炬零件前,必须切断电源总开关。
5)操作人员在工作前应穿戴好工作服、工作鞋、工作帽及浅色面罩或护目镜。
6)钣金车间不应有易燃、易爆物品。
7)设备停用时关闭电源、气源。

▶你学会了吗?

1. 等离子切割机的工作原理及特点是什么?
2. 等离子切割机的使用方法有哪些?
3. 等离子切割机的使用注意事项有哪些?

第7天　二氧化碳（CO_2）气体保护焊机的使用

学习目标

1. 了解二氧化碳气体保护焊机的结构及其工作原理。
2. 熟悉二氧化碳气体保护焊机的使用方法及其注意事项。

基础知识

一、二氧化碳气体保护焊机的结构及工作原理

（1）二氧化碳气体保护焊机的结构　二氧化碳气体保护焊机由焊枪、送丝机构、保护气体供给装置、控制装置和电源等部分构成，如图1-45所示。各种焊机的规格、型号虽不同，但使用方法和构造一致。

1）焊枪。焊枪的作用是向焊接部位喷出保护气体，同时向焊丝输送焊接电流并产生电弧。焊枪的前端有向焊接部位喷出保护气体的喷嘴和向焊丝输入焊接电流的导电嘴，如图1-46所示。焊枪内部还装有将焊接电流导向导电嘴的电缆和使焊丝输送顺畅的软管衬套，以及保护气体的管路。焊枪的手柄上有一个开关，用于控制焊接开始与结束，有的焊枪手柄还具有调整电流、电压大小及一键式送丝等功能。

2）送丝机构。送丝机构是指将焊丝输送到焊枪的机构，它由输送电动机、减速器、输送辊、加压辊等构成。汽车维修使用的焊机的送丝机构为内置式，即安装在主机内部，如图1-47所示。

注意：有些焊机的送丝机构安装在焊枪上。

图1-45　二氧化碳气体保护焊机

3）保护气体供给装置。保护气体供给装置是将保护气体减压后从气瓶送入焊枪的装置，由压力调节器和电磁阀组成，如图1-48所示。压力调节器的作用主要是对气瓶内的高压气体减压，并以一定的流速送出气瓶。电磁阀的作用是控制气体的输送与关断。

4）控制装置。控制装置由大量半导体零部件组成，安装在焊机内部。控制装置接收到焊枪开关的信号后，控制送丝机构动作、焊接电流的开启或关闭、保护气体的供给与停止，最重要的是控制焊丝开始与停止输送，并依照电流和电压调整送丝速度，使电弧长度控制在一定范围内。

5）电源。电源的作用是提供产生电弧所需要的电能。有些焊机加装了稳压补充器，

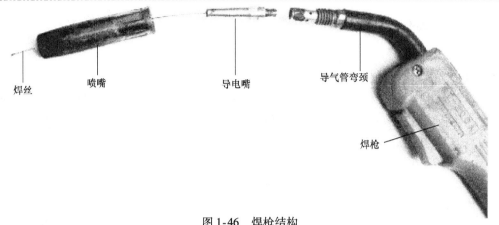

图 1-46　焊枪结构

图 1-47　内置式送丝机构

图 1-48　保护气体供给装置

以监视电源电压，并对电压波动适时补偿，使电弧均匀、稳定，以提高焊接质量。

（2）二氧化碳气体保护焊机的工作原理　二氧化碳气体保护焊机的工作原理是使用焊丝进行焊接，焊丝和电极以一定的速度自动进给，在母材和焊丝之间出现短弧，短弧的热量使焊丝熔化，将母材连接起来。在焊接过程中，二氧化碳气体对焊接部位进行保护，以免母材接触到空气而氧化。二氧化碳气体保护焊机的焊接现场，如图 1-49 所示。

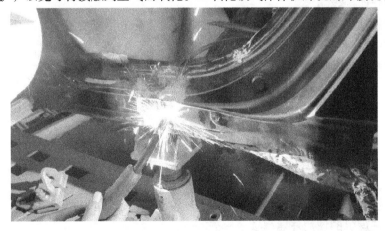

图 1-49　二氧化碳气体保护焊机的焊接现场

二氧化碳气体保护
焊机的焊接原理

二、二氧化碳气体保护焊机使用方法

（1）连接电源　检查电源的电压与频率是否与设备铭牌上的参数一致，按照说明书的规定，将电源与插座相连。

（2）安装气瓶　先检查确认气瓶内的气体是否适用于被焊钣金件材质，然后将气瓶置于焊机后部专用托扳上，并用索链固定，也可将气瓶安装在柱子、墙壁等位置。连接气管并进行紧固，打开气阀查看是否有漏气现象。

（3）安装焊枪　将焊枪接头插入焊机正面接口中，并将针形插接器一起接好。将搭铁安放在距待焊接部位较近的清洁表面上，形成一个从焊机到钣金件、再回到焊机的电流回路。

（4）选择并安装焊丝　首先要根据焊接材料来选择相应的焊丝（通常焊丝盘上刻有字母 U 的为铝焊丝，刻有字母 V 的为普通焊丝），然后将焊丝安装到送丝盘上即可。

三、二氧化碳气体保护焊机使用注意事项

1）焊接过程中，必须穿戴长袖防火工作服、围裙、绝缘鞋、护腿、护脚、焊接手套等，并将领口系严，兜盖盖好，翻卷的裤脚要放下，避免飞溅物烧伤身体。

2）焊接作业应在通风良好、干燥的场所进行，因为二氧化碳气体保护焊机焊接时会产生有毒气体及烟雾。

3）焊接热量和飞溅物容易引起火灾，焊接现场应清除所有的可燃性材料，不要焊接曾装过易燃物或汽油的燃油箱，焊接场地应放置符合要求的防火设备。

4）禁止用手直接触及潮湿的钣金件表面，应保持身体及衣物干燥；不要在无防电击保护器材的潮湿环境中焊接；在焊接过程中，不要触碰可疑带电物体或任何可导电的金属物体，避免焊机自动关闭。

5）焊接前应断开汽车蓄电池搭铁端。焊接时会产生强磁场，离焊接部位较近的电器元件应拆卸或断开连接线路。

6）使用隔热材料遮蔽车身漆面、座椅、仪表等，以免烫伤或引起火灾。

7）搭铁应夹持在钣金件上距离待焊部位较近的位置，以免焊接电流减弱。试焊应在相同厚度、材质的金属钣金板上进行，严禁在搭铁夹钳上试焊。

8）焊接结束后，应及时关闭电源和二氧化碳气瓶。

你学会了吗?

1. 二氧化碳气体保护焊机的结构及工作原理是什么？
2. 二氧化碳气体保护焊机的使用方法有哪些？
3. 二氧化碳气体保护焊机的使用注意事项有哪些？

第8天　铝焊机的使用

学习目标

1. 了解铝焊机的结构功能。
2. 了解铝焊机的工作原理。
3. 熟悉铝焊机的使用方法及其注意事项。

基础知识

一、铝焊机结构功能及工作原理

（1）铝焊机结构功能　铝焊机结构如图1-50所示，各部位具体功能如下。

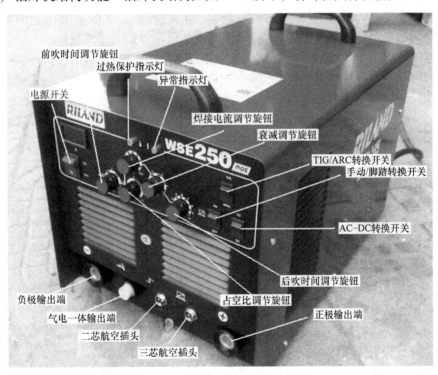

图1-50　铝焊机结构功能

1）转换开关

① AC-DC转换开关：将转换开关置于"AC"档时，为交流氩弧焊，可焊铝材；将转换开关置于"DC"档时，为直流氩弧焊，可焊不锈钢、铁、铜等金属。

② 手动/脚踏转换开关：将转换开关置于"OFF"档时，电流为面板旋转调节；将转换开关置于"ON"档时，焊接电路由脚踏开关调节。

③ TIG/ARC 转换开关：将转换开关置于"TIG"档时，为氩弧焊；将转换开关置于"ARC"档时，为手工电弧焊。

2）调节旋钮

① 前吹时间调节旋钮：为保证焊接效果，焊接时要求氩气比电流先到。该旋钮用于调节出氩气与出电弧的间隔时间。

② 焊接电流调节旋钮：该旋钮为焊接电流旋钮，在手动/脚踏开关转到"OFF"档时，它才起作用。

③ 占空比调节旋钮：在交流氩弧焊中，电流为一正、一反两个方向不断交替转换。电流从钨针流向钣金件时，为正向电流时间，此时钨针发热量少，热量集中，有利于焊接；电流从钣金件流向钨针时，为反电流时间，此时能清理钣金件表面氧化层，有利于获得良好的焊接效果，但钨针可能因严重发热而烧损。该旋钮用于调节正反电流比例，旋到"0"位置时，正向电流时间占比为50%；旋到"+5"位置时，正向电流时间占比为80%；旋到"-5"位置时，正向电流时间占比为20%。顺时针旋转，正向电流时间变长，反向电流时间变短，逆时针旋转则相反。

注意：电流较大时应使用较小的占空比，如200A以上选用30%以下的占空比。电流较小时应使用较大的占空比，如100A以下选用50%以上的占空比。

④ 衰减调节旋钮：在完成一段焊接，末端收弧时，为保证成形良好，要求电流逐步减小至零，该旋钮用于调节电流的衰减时间。

注意：用"脚踏器"控制时，将该旋钮逆时针调到"0"位置。

⑤ 后吹时间调节旋钮：刚完成焊接后的工件因表面炽热而易于被氧化，停止焊接后应用焊枪吹出的氩气将其冷却一段时间。该旋钮用于调节尾气后吹时间，最长可达15s。

注意：在手工弧焊状态下，只有焊接电流起作用，以上功能均不起作用。

3）指示灯作用

① 过热保护指示灯：焊机在连续、长时间、大电流工作时，为防止因内部严重发热损坏器件而设置过热保护功能。该灯点亮时，需停止工作，但不要关机，约2~3min后可自动恢复。

② 异常指示灯：该灯在焊接机内部工作发生异常时点亮，随后应关掉电源开关，待指示灯熄灭后再重新开机，如恢复正常可继续使用，如指示灯重复点亮，则应请专业人员或厂家进行检修。

（2）铝焊机工作原理　如图1-51所示，铝焊机采用低电压大电流，将电能通过电弧瞬间转换为热能，并以高纯度氩气作为焊接时的保护气体，避免焊接时产生气孔、杂质。同时，交流氩弧焊还具有一定的阴极清理功能，可以直接去除铝及铝合金上的氧化膜。

图1-51　铝焊机焊接

二、铝焊机使用方法

1）如图1-52所示,首先连接好保护气体源。供气通路应包括氩气瓶、氩气减压流量计和气管,气管的连接部分应使用喉箍或其他物品扎紧,以防止氩气泄漏和空气进入。然后连接好电路再进行焊接。

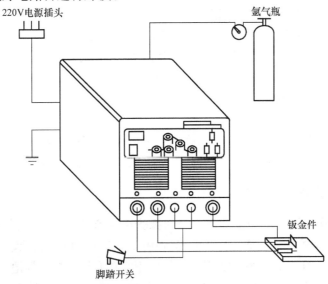

图1-52 连接铝焊机

2）交流氩弧焊使用方法

① 将"交直流转换开关"置于"AC"档。
② 打开电源开关,机内风机开始旋转。
③ 打开氩气开关,将气流量调至额定标准。
④ 根据所焊钣金件表面的氧化程度调节正向、反向电流时间比例。
⑤ 按下焊炬上的开关后,电磁阀起动,可以听到焊机内高频火花放电的声音。同时,有氩气流出焊炬嘴。

注意：开始进行焊接时,需要在焊接前按住开关数秒,直至气路内所有空气排净后方可开始焊接。停止焊接后,在数秒内仍会有氩气流出,这是为了保证焊点在冷却前仍得到保护而专门设计的,因此在电弧熄灭后仍需保持焊接状态一段时间再移开焊枪。

⑥ 根据实际需要设置手动/脚踏开关。
⑦ 将转换开关置于"OFF"档,电流为面板旋钮调节。
⑧ 将转换开关置于"ON"档,焊接电路由脚踏开关调节,此时面板上的电流调节旋钮不起作用。踩下"脚踏开关"的力度与焊接电流大小成正比,即力度大则焊接电流大。
⑨ 根据实际需要调节"前吹"及"衰减"时间。
⑩ 将钨极与焊接工件保持2~4mm间距,按下焊炬控制开关,在焊枪电极和工件之间会产生高频放电。引燃起弧后,焊机内的高频起弧火花会马上消失,此时即可开始工作。

3）直流氩弧焊使用方法

① 将"交直流转换开关"置于"DC"档。
② 打开电源开关,机内风机开始旋转。
③ 打开氩气开关,将气流量调至额定标准。
④ 按下焊炬上的开关后,电磁阀起动,可以听到焊机内高频火花放电的声音。同时,有氩气流出焊炬嘴。
⑤ 根据实际需要设置手动/脚踏开关。
⑥ 将转换开关置于"OFF"档,电流为面板旋钮调节。
⑦ 将转换开关置于"ON"档,焊接电路由脚踏开关调节,此时面板上的电流调节旋钮不起作用。踩下"脚踏开关"的力度与焊接电流大小成正比,即力度大则焊接电流大。

4)直流手工弧焊的使用方法
① 将"TIG/MMA"转换开关置于"DC"档。
② 打开电源开关,机内风机开始旋转,用焊钳夹上焊条即可进行焊接。
③ 根据焊接钣金件的厚度、工位和工艺状况,确定合适的焊接电流。

三、铝焊机使用注意事项

1)铝焊机在焊接过程中会产生弧光,弧光中含有红外线、紫外线,同时也会产生金属蒸气和烟尘等有害物质。钨极氩弧焊中的钨棒含有放射性元素,因此必须做足防护措施。另外,由于以氩气作为保护气体,不宜在有风的焊接场地操作。
2)禁止电压过高,如果电源电压超过允许值,则会损坏铝焊机。
3)使用过程中实时观察最大允许负载电流,确保焊接电流不超过最大允许负载电流值。

▲你学会了吗?

1. 铝焊机的结构功能及工作原理有哪些?
2. 铝焊机的使用方法有哪些?
3. 铝焊机的使用注意事项有哪些?

第9天　点焊机的使用

▲学习目标

1. 了解点焊机的结构功能。
2. 了解点焊机的工作原理。
3. 熟悉点焊机的使用方法及其注意事项。

一、点焊机结构及工作原理

(1) 点焊机结构　如图1-53所示，点焊机主要由机座、点焊枪及控制系统组成，其中的核心是点焊枪和控制系统，具体机构如下。

1) 点焊枪。点焊枪主要由焊臂、焊臂调节螺钉、焊接起动按钮、电缆线及把手等组成。点焊枪通过焊臂向被焊金属施加挤压力，并导入焊接电流。而点焊枪加压机构采用带弹簧的手动夹紧装置或由气缸产生压力的气动夹紧装置。有些小型挤压式点焊机不具备气动增力机构，完全靠操作人员的手来控制压力大小。

2) 控制系统。控制系统主要用来将220V或380V车间线路电流转换成低电压（2～5V）、高电流的专用焊接电流，避免了电击的危险。电流主要通过控制面板进行调整。

(2) 点焊机工作原理　点焊机采用的是双面双点过电流焊接工作原理。工作时，两个电极给钣金件加压，使两层金属在电极的压力下形成一定的接触电阻，而焊接电流从一电极流经另一电极时，在两接触电阻点形成瞬时热熔接，且焊接电流瞬间从另一电极沿两钣金件流至此电极形成回路，不会伤及被焊工件的内部结构。

图1-53　点焊机结构

二、点焊机使用方法

开始焊接时，钣金工拿起焊枪并使焊接机电极臂与车身上需要焊接的部位接触，如图1-54所示。然后操纵加压机构，将焊接压力施加到需要焊接的金属两边。一旦给金属钣金件施加并保持一定压力，施力机构便向焊接机控制器发送一个电信号，焊接电流接通一段预定的时间后又被切断。焊接时间通常小于1s，整个过程进行得很快。点焊机操作规程如下。

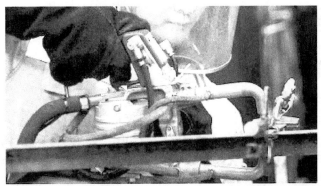

图1-54　点焊机的使用

· 31 ·

1）使用前应清除上、下两电极上的油污。通电后，点焊机外壳应无漏电现象。

2）起动前，应先接通控制线路的转向开关和焊接电流的控制开关，调整好极数，最后接通电源。

3）点焊机通电后，应检查电气设备、操作机构及点焊机外壳有无漏电现象。电极触头应保持光洁。若有漏电现象则应立即更换。

三、点焊机使用注意事项

1）严禁在引燃电路中使用大熔断器。负载过小使引燃管内的电弧不能形成时，不得闭合控制箱的引燃电路。

2）控制箱长期停用时，每月应通电加热 30min。更换闸流管时应加热 30min。正常工作的控制箱的预热时间不得小于 5min。

3）焊接操作及配合操作的人员必须按规定穿戴劳动防护用品，且必须采取防止触电、高空坠落、毒气中毒和火灾等事故的安全措施。

4）清除焊缝焊渣时，应戴防护眼镜，头部应避开敲击焊渣飞溅的方向。

  你学会了吗？

1. 点焊机结构功能及工作原理有哪些？
2. 点焊机的使用方法有哪些？
3. 点焊机使用的注意事项有哪些？

第10天　车身大梁校正设备的使用

 学习目标

1. 了解车身大梁校正设备的种类及使用范围。
2. 学会使用车身大梁校正设备。

 基础知识

一、台架式大梁校正仪

1. 认识台架式大梁校正仪

台架式大梁校正仪可同时进行任意方向的校正作业，能有效地使变形及相关损伤一并得到校正，且能方便地固定车身。台架式大梁校正仪如图 1-55 所示。

图 1-55　台架式大梁校正仪

2. 台架式大梁校正仪使用方法

（1）操作注意事项

1）进入工作区前要穿戴好工作服、手套，不准穿拖鞋。

2）操作设备前应清理场地，平台及其周边不能堆放杂物，整理油、气管路，防止操作时挤压管路。

3）检查油、气管路各接头是否连接好，管路是否有破损，如有破损要及时更换，严禁再用。

4）检查塔柱滚动滑轮固定螺栓是否松动，必须及时拧紧，以免塔柱滑落造成人员和物品损伤。

（2）上下车辆操作方法

1）平台升降时设备附件上严禁站人，车辆上下时必须有人在旁边指导，车辆应停靠在平台指定位置。

2）平台升降时应操作平稳，平台轮腿液压缸无节流阀时，严禁全开液压泵泄压阀。

3）起降平台时，塔柱固定在平台另一端，防止滑动。需要二次举升平台时，塔柱应放置在靠近活动腿一侧。

4）车辆在平台上时要拉紧驻车制动器，轮胎前后用三角木垫好。

5）平台活动支腿锁止销在平台升起后必须锁死。

（3）车辆固定操作方法

1）夹具夹紧前检查钳口，应无油污、杂物。

2）检查夹具各部位是否有变形、裂纹，如有则必须更换，防止受力后断裂飞出伤人。

3）夹具固定螺栓和钳口紧固螺栓要完全拧紧。

（4）测量操作方法

1）量具应轻拿轻放，切勿碰撞，以防量具变形、损坏。

2）读取仪器读数时，视线应与读数显示部位平行，以减少误差。

3）测量完毕，量具应马上放回工具车原处。

4）量具固定、连接螺钉松动后，重新拧紧时力量不要过大。

（5）拉伸操作方法

1）拉伸操作前，检查链条、钣金工具、拉环是否完整，确认没有破损、裂口、大划伤后方可使用。

2）拉伸时，塔柱紧固螺栓要拧紧，导向环高度不能超过警戒红线。

3）检查链条、锁紧机构，链条不能扭曲，所有链节在一条直线上。导向环手轮应拧开。

4）拉伸时，注意拉伸力不要超过链条额定载荷。

5）拉伸时，不要敲击钣金工具及链条。

6）拉伸时，相关人员不要与链条受力方向在同一条直线上。

7）当拉伸力比较大时，应在拉力方向相反一侧用链条将车辆固定在平台上。

（6）结束操作　设备使用完毕后，清理场地，钣金工具、量具、夹具等物品，要擦拭干净后整齐有序地放回工具车。

二、移动式大梁校正仪

1. 认识移动式大梁校正仪

移动式大梁校正仪是一套能对轿车或轻型货车的车架、车身的损坏变形部位，进行边拉拔、边测量、边加热，使其恢复原有技术尺寸的设备。移动式大梁校正仪如图1-56所示。

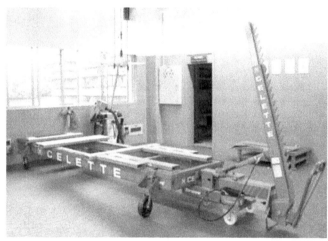

图1-56　移动式大梁校正仪

2. 移动式大梁校正仪使用方法

1) 根据所修车辆的车架结构尺寸，准备好相应的夹具和测量接头，并确定安装基准位置。

2) 将车辆冲洗干净后，置于整形平台基架上，用整形平台的夹固钳夹住车身的底梁边缘，紧固螺栓，使其固定在整形平台上。此时，应尽可能使车辆的中心线与整形平台中心线保持一致。

3) 目视判断车身（车架）变形的部位及大小，在其未变形的部位，至少选择三个相距较远的点来确定车辆的中心线位置。

4) 将测量桥置于整形平台基架上，使其中心线与车身（车架）中心线对齐。

5) 根据车架的宽度，选择相应量程的测量滑座置于测量桥上，并锁止在变形部位所对应的位置上，再加套管插入滑座的插孔中，接上相应的测量接头。

6) 将测量接头与变形部位相接，读出此时测量桥滑座、套管上所示的读数，将其与所修车辆标注的数值相比，即可确定测量点在长、宽、高三个方向上的变形大小。

7) 将拉力校正器固定在基架的边框上，用链条将需校正的部位与悬臂梁相连，起动液压缸，通过柱塞推动悬臂梁拉动链条即可将凹陷变形部位拉伸恢复到原有尺寸。

3. 移动式大梁校正仪使用注意事项

1) 整形平台必须安放在坚硬平整的地面上。在工作过程中，工作台的滚轮必须处于锁紧位置。

2）拉力校正器在工作过程中，液压缸柱塞与悬臂梁、校正部位与悬臂梁之间必须连接有保险绳。保险绳必须完好无损。链条拉力方向与液压轴轴线方向应保持一致。

3）工作过程中，拉力校正器与整形平台基架边框、车架底梁边缘与整形平台的车身夹固钳必须牢固锁紧。

三、液压拉力装置

如图 1-57 所示，液压拉力装置可以对固定好的车身进行拉伸、推压、扩张等校正工作。它利用手摇液压泵提供压力能，通过液压驱动各种用途的液压缸，实现推、拉、顶、扩等动作。在液压杆两端装上适当的端头，便可满足车身内部两点间校正尺寸的需要。

图 1-57 液压拉力装置

按压撑顶器手柄

你学会了吗?

1. 车身大梁校正设备及工具主要有哪些?
2. 台架式大梁校正仪如何使用?
3. 移动式大梁校正仪如何使用?
4. 移动式大梁校正仪使用注意事项有哪些?
5. 液压拉力装置如何工作?

第 11 天 凹陷拉拔工具的使用

学习目标

1. 了解凹陷拉拔工具的类型及特点。
2. 熟悉各种凹陷拉拔工具的使用。

基础知识

一、凹陷拉拔器

凹陷拉拔器，即俗称的惯性锤，通常带一个螺纹尖头和一个钩尖，一般情况下要求在皱折处钻出或冲出一个或多个孔。拉拔时将螺纹尖头拧入所钻的孔，用滑锤轻轻敲打手柄，慢慢把凹陷拉平。凹陷拉拔器如图 1-58 所示。

二、手动拉拔工具

手动拉拔工具同凹陷拉拔器一样，将其插进钻出的孔里，即可把较小的凹陷或皱折拉平。要拉平较大的凹陷时，需要同时用三根或四根手动拉拔工具。手动拉拔工具可与钣金锤一起使用，同时敲击和拉拔使车身钣金件恢复到原来的形状。手动拉拔工具如图1-59所示。

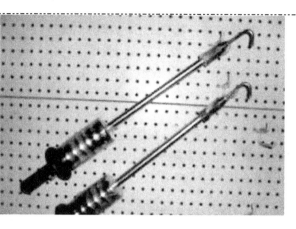

图1-58 凹陷拉拔器

三、气动拉拔工具

气动拉拔工具主要用于大凹陷的修复，操作时将吸盘吸在凹坑的中心并拉起即可恢复到原来的形状而不损伤漆面，也不需要再进行表面整修。气动拉拔工具如图1-60所示。

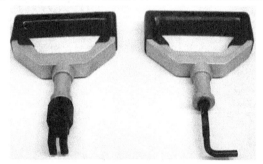

图1-59 手动拉拔工具

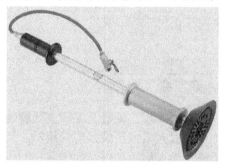

图1-60 气动拉拔工具

四、真空吸盘

真空吸盘是一种可简单、快速地修复浅凹坑的工具，操作时只需将吸盘吸在凹坑的中心并拉起，凹坑部位就能恢复到原来的形状而不损伤漆面，也不需要再进行表面整修。真空吸盘如图1-61所示。

五、强力拉拔工具

强力拉拔工具主要针对较强硬的钣金件设计，它采用简单的顶拉原理，配有多种支脚，可根据不同位置进行组合，方便拉拔；可以任意调节拉拔幅度；具有锁止功能，方便同时进行其他动作；拉拔力量够强，基本满足车身外钣金件的快速拉拔维修。强力拉拔工具如图1-62所示。

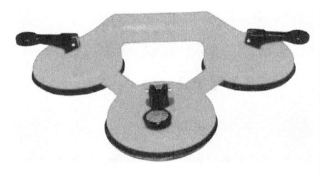

图1-61 真空吸盘

实际操作

一、门槛板损伤确定

对损坏的门槛板进行分析,找出损伤区域中凹陷最深的位置。使用打磨机局部打磨掉最深区域的油漆涂层,如图1-63所示。

二、调整焊接参数

如图1-64所示,通过按钮或旋钮将焊机调整到焊接模式,然后调整焊接电流的大小,一般调整到数字显示50左右,根据焊接时的情况可在40~60间调整。电流太大容易烧穿板件,形成孔洞;电流太小则垫圈焊接不牢固,拉伸中垫圈容易脱落。

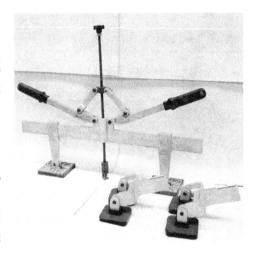

图1-62 强力拉拔工具

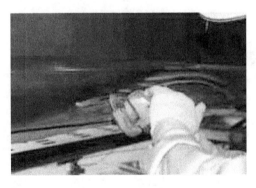

图1-63 打磨油漆涂层

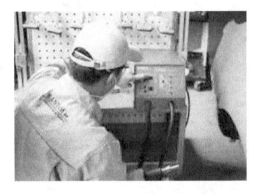

图1-64 调整焊接参数

三、焊接拉伸垫圈

如图1-65所示,把垫圈放入焊接电极中,轻轻按压在焊接部位。按动焊枪开关,把垫圈焊接在钣金件上,依次在需要的位置焊接垫圈,垫圈间隔距离在1cm左右。同时,注意垫圈孔应排成一条直线,然后插入拉杆。

四、使用组合工具拉伸凹陷

首先根据门槛位置选择具有适当高度和支撑座的支腿,把支腿安装上去,调整螺杆的长度到合适的拉伸位置。然后把螺杆上的拉钩安装到凹陷最深的位置,调整好支腿后,向内慢慢拉动把手,反复拉伸几次即可把凹陷的板件逐步拉出,如图1-66所示。

图 1-65　焊接拉伸垫圈

图 1-66　用强力拉拔工具拉伸凹陷

你学会了吗？

1. 凹陷拉拔工具有哪些？
2. 不同的凹陷拉拔工具各有哪些特点？
3. 凹陷拉拔工具如何使用？

第 12 天　气动工具的使用

学习目标

1. 了解气动工具的类型及特点。
2. 学会气动工具的使用方法。

基础知识

一、气动锯

（1）认识气动锯

气动锯在汽车车身钣金修复过程中的主要作用是下料、切断、修整、剪切外形等。气动锯通常可以剪切玻璃钢、塑料、白铁皮、薄钢板、铝板及其他金属材料钣金件。气动锯如图 1-67 所示。

（2）气动锯的使用方法

1）操作前应详细阅读说明书，检查各部件是否正常。操作位置应光线明亮，无阴影。

2)操作时要做到三紧、三不、一注意。三紧:衣着紧身、紧腰、紧袖;三不:不系领带、不戴首饰、不戴手套;一注意:注意保护眼睛。

3)弄清锯片的旋转方向,正确选用切削锯片,锯片不得有裂缝或凹凸,且平衡、锋利。

4)操作过程中,如有异常则应立即停机检查。

二、气动点焊钻

气动点焊钻用来钻出点焊孔,也用来拆除钣金件的点焊焊点。气动点焊钻如图1-68所示。

图1-67 气动锯

图1-68 气动点焊钻

三、气动扳手

(1)认识气动扳手

气动扳手通过压缩空气提供持续的动力,以获得比较大的力矩输出。气动扳手如图1-69所示。

(2)气动扳手使用方法

1)气动扳手应在使用说明书所规定的功能和范围内使用。

2)气动扳手的最大供气压力不允许超过规定值,在供气压力超过额定使用压力时应使用调压阀。

3)供气软管应选用耐压且具有耐油内表面和耐磨外表面的软管,如果发现异常则应及时更换。

4)气动扳手、供气软管、快速接头应定期进行安全检查,如果发现异常则应及时维修或更换。

5)使用气动扳手拆装螺母时,

图1-69 气动扳手

应先将套筒套入待拆卸螺母,并根据螺母旋向要求,轻点开关试动,确认旋转方向正确,再正式运行。套筒没有套住螺母时,严禁按动开关。工作时,手或衣服不可接触气动扳手的旋转部件,以免造成工作伤害。

6)开机工作时,应给气动扳手施加一定的轴向推力,确保工作时螺母套筒不会甩出。

7)工作完成后,应及时关闭供气管路阀门,清洁气动扳手并将气管放回原位。

四、气动角磨机

(1)认识气动角磨机

气动角磨机外形结构多种多样,用于除锈、去油漆等钣金修复作业。气动角磨机如图1-70所示。

(2)气动角磨机使用方法

1)起动气动角磨机前必须双手将手柄握紧,防止其因起动转矩作用而掉落,确保人身、机具安全。

2)气动角磨机必须安装防护罩,否则不得使用。

3)气动角磨机、砂轮机工作时,钣金工不得站在出屑的方向,防止铁屑飞出伤到眼睛,使用时必须戴防护镜。

4)磨削薄钣金件时,砂轮应轻轻接触工作面,不能用力过猛,同时应密切关注磨削部位,以防磨穿。

5)使用气动角磨机时要轻拿轻放,工作完成后,应及时关闭供气管路阀门,清洁气动角磨机并将气管放回原位。

五、气动錾

气动錾也叫气动凿,主要用于拆卸钣金件,也可在更换钣金附件时进行切割或完成其他工作。气动錾如图1-71所示。

图1-70 气动角磨机　　　　　　图1-71 气动錾

六、气动打孔机

气动打孔机主要用于车身钣金件更换,例如为便于用气体保护焊塞焊法连接钣金件,可用气动打孔机在新钣金件上进行打孔等作业。气动打孔机如图1-72所示。

七、气动锉

气动锉主要用于精加工切割后的车身钣金件的对接位置,操作简单方便。气动锉如图1-73所示。

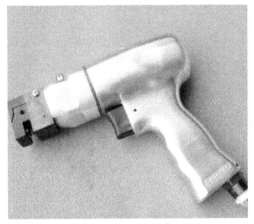

图1-72 气动打孔机

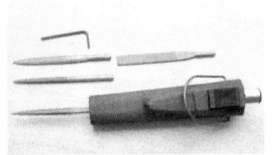

图1-73 气动锉及锉刀型号

 你学会了吗?

1. 气动工具的类型及特点有哪些?
2. 气动工具的使用范围是什么?
3. 气动工具的使用方法是什么?

第13天 电动工具的使用

 学习目标

1. 了解电动工具的类型及特点。
2. 学会电动工具的使用方法。

 基础知识

一、电动角磨机

(1) 认识电动角磨机

汽车钣金修复过程中,通常以电动角磨机作为修整车身局部凸起的工具,它主要用来修磨不易在固定砂轮机上磨削的零件。发动机舱盖、驾驶室、翼子板及车身蒙皮等经过焊修的焊缝,可用手提电动角磨机磨削平整。电动角磨机如图1-74所示。

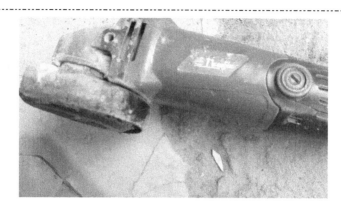

图1-74 电动角磨机

（2）电动角磨机的使用方法

1）起动电动角磨机前必须双手将手柄握紧，防止其因起动转矩作用而掉落，确保人身、机具安全。

2）电动角磨机必须安装防护罩，否则不得使用。

3）电动角磨机的砂轮机工作时，钣金工不得站在出屑的方向，防止铁屑飞出伤到眼睛，使用时必须戴防护镜。

4）磨削薄钣金件时，砂轮应轻轻接触工件，不能用力过猛，同时应密切关注磨削部位，以防磨穿。

5）使用电动角磨机时要轻拿轻放，用后及时切断电源。

二、手电钻

（1）认识手电钻

手电钻是靠电能驱动的手持式钻孔工具，操作简单方便。其电源电压一般为220V和360V两种，钻头尺寸规格有3.6~13mm若干种。手电钻如图1-75所示。

图1-75 手电钻

（2）手电钻使用方法

1）手电钻的电源线不得有破皮或漏电现象，使用时应戴绝缘手套。

2）操作手电钻时，应先按起动按钮后再接触钣金件，钻薄钣金件时要垫平、垫实，并将钣金件固定牢靠。此外，钻斜孔时应防止滑钻，避免发生意外。

3）使用手电钻时，不准将身体直接压在上面，而应用双手握紧手柄。

4）手电钻的钻头必须拧紧，开始时应轻轻加压，以防止断钻。

5）装卸手电钻的钻头应在电钻完全停止后进行，用专业工具拆卸（不准用锤子和其他器件夹钻帽）。

6）使用过程中，如发现有严重的火花、异响、异味、冒烟等现象，则应立即停止使用。

7）停电、休息或离开工作场地时，应立即切断手电钻的电源。

三、电动剪

（1）认识电动剪

电动剪属于振动式剪刀，由一个小型电动机带动刀杆快速运动，并与刀头配合以达到剪切的目的。电动剪如图1-76所示。

（2）电动剪的使用方法

1）电动剪的电源线不得有破皮或漏电现象，使用时应戴绝缘手套。

2）每次使用电动剪前，应先检查其外观有无异常。

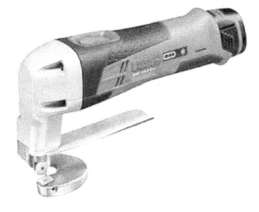

图1-76　电动剪

3）电动剪上的通风口在任何情况下都不得堵塞。如果发现电动剪的安全装置（按钮、安全罩等）或刀片夹紧装置损坏或磨损，则严禁继续使用。

4）使用电动剪时应用双手握紧手柄，同时在工作期间，应随时注意是否有异物，以免影响正常作业。工作过程中遇到障碍物时，应先关掉电动剪的电源。

5）使用过程中如发现有严重的火花、异响、异味、冒烟等现象，则应立即停止使用。

6）停电、休息或离开工作场地时，应立即切断电动剪的电源。

四、电动抛光机

（1）认识电动抛光机

电动抛光机主要用于钣金件修理后的抛光。使用电动抛光机比徒手抛光效率高得多，而且简便易行。但用研磨材料制成的抛光盘圆周运动速度极高，因此要求抛光盘安装牢固可靠，同时要求操作人员戴好安全眼镜和防护面罩。电动抛光机如图1-77所示。

图1-77　电动抛光机

（2）电动抛光机使用方法

1）如图1-78所示，电动抛光机的正确使用方法是将抛光盘的1/3表面与被抛光钣金件表面接触以进行研磨。抛光盘与研磨面接触角度过大时，抛光盘仅有小部分与钣金件发生强力研削，这会留下粗糙的加工面；抛光盘与研磨面接触角度过小时，又会因研磨阻力大而造成动作不稳，并留下凹凸不平的加工面。

2）抛光盘经研磨作业后，其外侧磨料会逐渐脱落，脱落后可采用适当方法去掉外侧磨损部分，减小抛光盘的尺寸后继续使用。此外，在研磨小凹坑处或带孔部位时，可使抛光盘沿8字形轨迹运动。

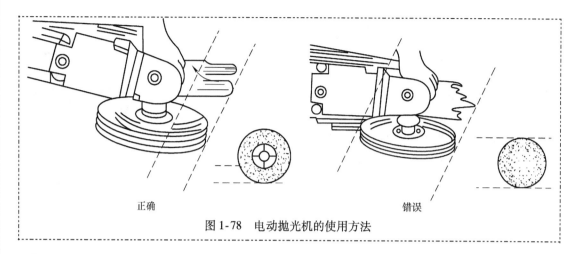

图 1-78 电动抛光机的使用方法

 你学会了吗?

1. 电动角磨机的特点及使用方法是什么?
2. 手电钻的特点及使用方法是什么?
3. 电动剪的特点及使用方法是什么?
4. 电动抛光机的特点及使用方法是什么?

第 14 天　常用量具的使用

 学习目标

1. 了解常用量具的类型及特点。
2. 学会常用量具的使用方法。

 基础知识

一、钢卷尺

1. 认识钢卷尺

钢卷尺是最基本的测量工具,由一条薄而富有弹性的钢带制成,整条钢带上刻有长度标志,如图 1-79 所示。它一般用于精度要求不高的测量,可以直接测量出钣金件的尺寸。钢卷尺最小刻度为毫米(mm),总长度有 3m、5m、10m 等类型。

2. 钢卷尺的使用方法

1)如图 1-80 所示,使用前先要检查钢卷尺。在拉出和收入卷尺时,应轻便、灵活、无卡滞现象;制动时,卷尺的按钮装置应能有效地控制尺带收卷,不得有阻滞失灵现象。

图1-79 钢卷尺

图1-80 检查钢卷尺

2）尺带表面不得有锈迹和明显的斑点、划痕，尺寸线纹应清晰可见。

3）如图1-81所示，使用钢卷尺应以"0"点端为测量基准，以便于读数。当以非"0"点端为基准测量物体时，要特别注意起始端的数字，避免在读数时出错。

二、游标卡尺

1. 认识游标卡尺

游标卡尺是一种精密测量仪器，能够准确且简单地测量长度、外径、内径及深度。游标卡尺根据最小刻度的不同分为0.05mm和0.02mm两种，如图1-82所示。在汽车维修工作中，0.02mm精度的游标卡尺使用最多。

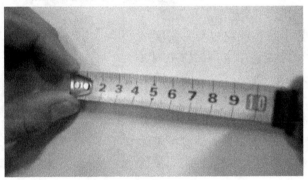

图1-81 钢卷尺使用方法

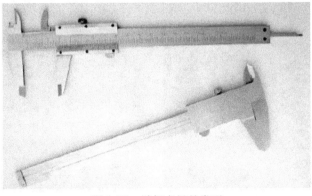

图1-82 游标卡尺的类型

如图1-83所示，游标卡尺由一个带有刻度杆和固定量爪的主刻度尺、一个滑动量爪（包括外量爪和内量爪）的游标尺组成。

2. 游标卡尺的使用方法

1）如图1-84所示，首先将量爪紧密结合，确保主刻度尺和游标尺的零点一致，且游标卡尺必须能在主刻度尺上轻轻地移动而不会发出异响。如果与规定不符则应进行零点校正。

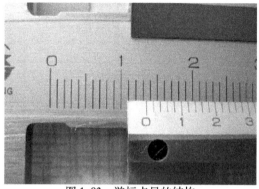

图1-83 游标卡尺的结构

图1-84 游标卡尺的检查

2）测量时用右手拇指轻压游标卡尺，同时使待测钣金件和游标卡尺保持垂直状态，最后将游标尺锁紧，如图1-85所示。

3）先读出游标卡尺零线左边与主刻度尺相邻的第一条刻线的整毫米数，即测得主刻度尺的整数值。如图1-86所示，主刻度尺读数为13.00mm。

4）再读出游标尺上与主刻度尺刻度线对齐的那一条刻度线所表示的数值，即测得游标尺的小数值。如图1-87所示，游标尺读数为0.44mm。

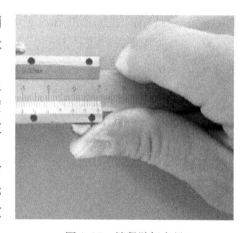

图1-85 锁紧游标卡尺

5）游标卡尺实际尺寸 = 主刻度尺读数 + 游标尺读数。如：

$$13 + (0.02 \times 22) = 13 + 0.44 = 13.44(\text{mm})。$$

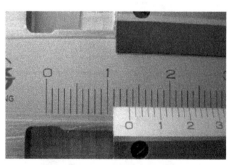

图1-86 主刻度尺读数

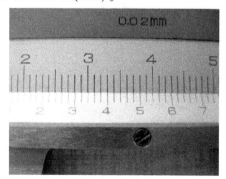

图1-87 游标尺读数

三、万能角度尺

1. 认识万能角度尺

万能角度尺是用来测量精密零件内外角度或进行角度划线的角度量具。万能角度尺结构如图 1-88 所示，它由刻有基本角度刻线的尺座（由直尺、基尺和角尺组成）、固定在扇形板上的游标等组成。扇形板可在尺座上回转移动（有制动器），形成了和游标卡尺相似的游标读数。

万能角度尺可以由基尺、主尺、直尺、角尺的各工作面进行组合，可测量 0°~320°之间四个角度段内的任意角度。

2. 万能角度尺的使用方法

1) 使用前应先将万能角度尺的各组合件擦净。测量时应先校准零位。万能角度尺的零位：将角尺与直尺同时装上，使角尺的底边及基尺与直尺无间隙接触，此时主尺与游标的"0"线对准。调整好零位后，通过改变基尺、角尺、直尺的位置可测量 0°~320°范围内的任意角度。

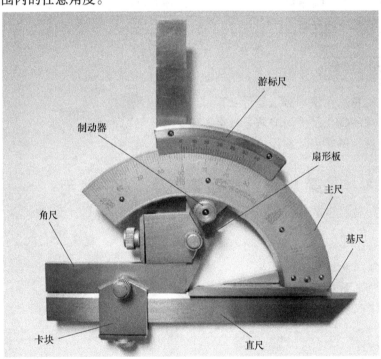

图 1-88 万能角度尺结构

2) 测量钣金件角度时，应使基尺与钣金件角度的母线方向一致，且钣金件应与量角尺的两个测量面的全长接触良好，以免产生测量误差。使用过程中，主要分为以下几种测量情况。

① 测量 0°~50°的角度时，对基尺进行组合，将钣金件直接放入基尺与直尺两个工作面之间测量。

② 测量 50°~140°的角度时，把直尺连同其卡块同时卸下，并紧固住卡块，将钣

钣金件放置在角尺长工作面与基尺之间测量。

③ 测量 140°~230° 的角度时，把角度尺上移至长短边交点，位于基尺旋转中心为止，将钣金件放在基尺与角尺短边工作面之间测量。

④ 测量 230°~320° 的角度时，把角尺连同卡块全部卸下，将钣金件放在扇形板与基尺工作面之间测量。

3) 万能角度尺的读数方法和游标卡尺相同，先读出游标零线前的角度"度"的数值，再从游标上读出角度"分"的数值，两者相加就是被测钣金件的角度数值。如图 1-89 所示，万能角度尺读数为 46°30′。

4) 使用后将万能角度尺擦净，放入包装盒内储存。

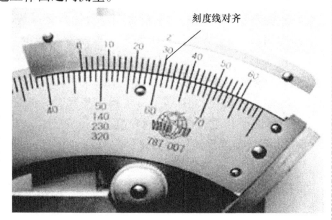

图 1-89　万能角度尺的使用方法

你学会了吗？

1. 钢卷尺的特点及使用方法是什么？
2. 游标卡尺的特点及使用方法是什么？
3. 万能角度尺的特点及使用方法是什么？

第 15 天　喷漆工具及设备的使用

学习目标

1. 了解喷漆工具的类型及特点。
2. 掌握喷枪的结构及其调整和使用方法。
3. 掌握喷漆设备的类型及使用方法。

基础知识

一、喷漆工具

1. 刮涂工具

刮涂原子灰使用的工具主要是刮具（俗称刮子），分为硬刮具和软刮具两类，操作时应根据不同的情况灵活选用。

(1) 硬刮具

硬刮具（图1-90）指具有一定弹性和硬度的刮涂工具，如油灰刀、聚氯乙烯板块状刮子及钢片刮刀等。硬刮具中的大、中型刮子，刮口较宽，易于刮涂较大平面。此外，硬刮子刃口较薄，易于对刮涂过的表面进行修整。

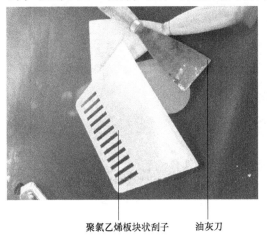

聚氯乙烯板块状刮子　　油灰刀　　　　　　　　钢片刮刀

图1-90　硬刮具

(2) 软刮具

软刮具专指端口较软的橡胶刮具，如胶板大刮子（图1-91）和橡胶小刮子（图1-92）等。

图1-91　胶板大刮子　　　　　　　　图1-92　橡胶小刮子

2. 刷涂工具

刷涂工具主要指漆刷，它有很多种类。按制造材料可分为硬毛刷和软毛刷两种；按毛刷形状可分为圆形、扁形、薄板形等种类，如图1-93所示。

3. 打磨砂纸

打磨砂纸是车身底层除锈和打磨原子灰的主要材料，如图1-94所示。打磨砂纸分水砂纸和木砂纸两种，它是将磨料粘结在纸上制成的。木砂纸主要用于磨光木制品表面。水砂纸因涂有耐水涂料而不怕浸水，可以水磨，它是钣喷工常用的砂纸。

打磨砂纸的磨料主要是氧化铝粉（如刚玉、人造金刚砂等），根据磨料的粒度大小分为多种规格。水砂纸规格代号的数值越大，砂粒越细，打磨时应根据需要进行选择。木砂纸的规格代号则与水砂纸相反，即数值越大，砂粒越粗。

图1-93　各种形状的漆刷

图1-94　打磨砂纸

4. 喷枪

喷枪是指利用空气压力将液体转化为液滴的喷涂工具。喷枪工作过程又称为雾化过程，它能使涂料成为可喷涂的细小且均匀的液滴。如图1-95所示，喷枪由枪体和喷枪嘴组成，枪体又分空气压力调节阀、涂料流量控制阀、雾性（扇面）控制阀、扳机、手柄；喷枪嘴由气帽、涂料喷嘴、顶针组成。

图1-95　喷枪

（1）喷枪的调整方法

1）喷涂面漆时要根据面漆的黏度选择适当口径的空气喷枪，以HVLP（环保型空气喷枪）重力式空气喷枪为例，选用1.3~1.5mm口径的空气喷枪比较合适。喷涂黏度较高的涂料使用口径大一点的空气喷枪，喷涂黏度低的涂料使用口径稍小的空气喷枪。

2）压力调整。严格按照油漆产品说明书所提供的施工参数调整喷枪的压力。对任何油漆系统而言,最适当的空气压力只有一个,就是能使涂料获得最好雾化的最低空气压力。

3)雾束大小、方向要通过雾性控制阀和涂料流量控制阀进行调整,如图1-96所示。当雾性控制阀拧进旋钮时,得到的雾形小而圆;拧出旋钮时,即可得到大而扁的雾形。当涂料流量控制阀拧进旋钮时,出漆量少;拧出旋钮时,则出漆量大。

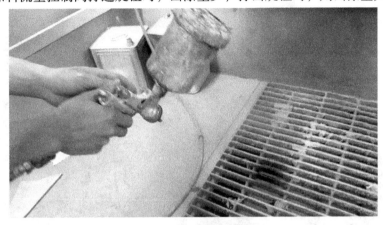

图1-96 喷枪的调整

(2)喷枪的使用方法

1)喷枪的距离。如图1-97所示,喷嘴与被涂表面之间的距离应等于张开手掌后拇指尖与小指尖之间的距离,为15~20cm。如果距离过长,则会导致涂料过度蒸发,涂料涂覆在车身表面就会出现干喷或者橘皮等现象;而如果距离过近,则涂料涂覆在车身表面就会出现过喷从而形成褶皱或波纹。

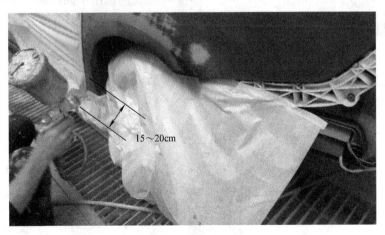

图1-97 喷枪的距离

2)喷枪运动轨迹。如图1-98所示,喷枪与被涂表面应始终保持在90°。在整个走枪的过程中始终保持喷枪与被涂表面呈直角,并确保手臂沿着被涂表面做平行运动,绝对不能以手腕或手肘为轴心做弧形的摆动。

3）喷枪的移动速度。喷枪的移动速度与涂料干燥速度、环境温度、涂料的黏度有关，约以 30cm/s 的速度匀速移动。如果走枪过快，则会使涂料太干，表面粗糙；如果走枪过慢，则容易产生流挂。

4）喷枪扳机的控制。由于扣紧扳机时涂漆的涂料流量较大，为了避免每次走枪行将结束时所喷出的涂料堆积在车身表面边缘，需要在喷枪行程的末端略微放松一点扳机，以减少供漆量。

喷枪运动轨迹　　　　　　　　　　　图 1-98　喷枪运动轨迹

5. 调油漆辅助工具

在汽车油漆的调配过程中，要使用调漆杯、调漆尺等辅助工具，如图 1-99 所示。
① 调漆杯用于调配油漆，主要选用抗溶剂性很强的塑料制造。
② 调漆尺用于调整油漆比例，根据不同的油漆比例选用不同的调漆尺。

二、喷漆设备

1. 红外线烤漆灯

红外线烤漆灯（图 1-100）主要用于烘干汽车的喷涂层，它具有升温快、干燥时间短、操作方法简便等优点。

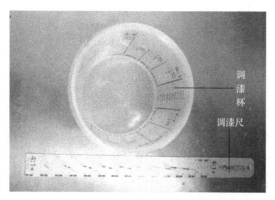　　

图 1-99　调油漆辅助工具　　　　　图 1-100　红外线烤漆灯

2. 烤漆房

如图 1-101 所示，烤漆房也称喷漆房，主要用于喷涂和烘烤车漆。在烤漆房喷涂，车漆可以避免车间工作人员吸入有害的溶剂和漆雾，避免积聚可燃性气体和漆雾，避免灰尘粘附在车身钣金件表面，避免溶剂和漆雾污染周围环境。它的使用方法和注意事项如下。

图 1-101 烤漆房

（1）烤漆房的操作

1）打开烤漆房控制台电源总开关。

2）打开空气压缩机供气阀门。检查油水分离器，将过滤出来的油、水排放干净。检查风压是否达到 400kPa 以上。

3）打开烤漆房照明和抽风机开关。检查通风是否良好。

4）车辆进入烤漆房后，立即把烤漆房门关上。喷漆工出入应随手关门，非工作人员不得入内，这可确保烤漆房免受粉尘、油污、蜡质的污染。

5）烤漆房内严禁一切烟火。

6）喷漆工应做好相应的身体保护措施，穿戴防毒面罩和防护工作服，确保个人身体健康及施工质量。

7）烤漆前应调好温度（60～70℃），设定好需烘烤的时间。检查是否有足够的燃油，然后打开烤漆开关，烤漆房即可自动工作，如图 1-102 所示。

a) 烤漆温度

b) 烤漆过程

图 1-102 汽车烤漆

8）施工完毕后，将汽车移出烤漆房，必须立即清洁烤漆房，然后关好烤漆房门，关闭电源总开关。

9）烤漆房只能由喷漆工来使用，非技术人员不得擅自动用。

（2）烤漆房操作的注意事项

1）使用烤漆房前，必须检查其电路是否正常，主机是否缺油，灯光是否齐全，通风是否良好。

2）使用烤漆房时，要时刻观察其工作状态。出现故障时，不能强行起动，以免发生爆炸事故。

3）使用空压机时，必须检查其电路是否正常以及长时间运转后电动机是否过热。要经常检查压缩机机油及储气罐排水情况。

4）使用喷枪作业时，必须戴好口罩或防毒面具，保持一定距离。长时间作业时，其间必须休息一会，以免缺氧中毒。

5）烤漆房内一般不得进行涂装以外的作业。

6）应按使用说明书规定使用和保养烤漆房，并有专人管理。

7）定期更换过滤材料。

8）定期清除各处风道内的漆尘及脏物。

你学会了吗?

1. 刮涂工具主要包括哪些？它们各有什么特点？
2. 打磨砂纸有什么特点？
3. 喷枪由哪些部件组成？
4. 喷枪的调整要点有哪些？
5. 红外线烤漆灯有什么作用？
6. 烤漆房操作方法及注意事项有哪些？

第二章

车身材料及性能必知必会

第16天　车身金属材料

1. 了解金属材料的性能。
2. 了解车身用钢板的类型及特点。
3. 了解车身用铝合金的类型及特点。
4. 熟悉车身金属材料的不同修复工艺。

基础知识

一、金属材料的性能

1. 金属材料的性能特点

金属材料的性能包括使用性能和工艺性能。使用性能指金属材料在使用时为了保证零件、工程构件或工具等的正常工作，所应具备的性能，包括力学性能（如强度、塑性、硬度等）、物理性能（如密度、熔点、导热性、导电性等）、化学性能（如耐蚀性、抗氧化性等）等；工艺性能指金属材料在被制成各种零件、构件和工具的过程中，材料适应各种冷、热加工的性能，主要包括铸造性能、锻造性能、焊接性能、切削加工性能、热处理性能等。

2. 金属材料的使用性能

（1）金属材料的力学性能

金属材料所表现出的抵抗破坏的能力，称为金属材料的力学性能，它分为强度、硬度、塑性、冲击韧性、疲劳强度等。

1）强度。金属材料在外力作用下所表现出的抵抗永久变形和断裂的能力称为强度。根据载荷的不同，强度可分为抗拉强度、抗压强度、抗扭强度、抗剪强度和抗弯强度等。其大小通常用材料在破坏前所承受的最大应力来衡量，由于各种强度间常有一定的联系，使用中一般以抗拉强度作为最基本的强度指标,如图2-1所示。

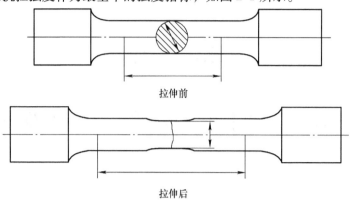

图2-1 抗拉强度示意图

2)硬度。硬度是衡量金属材料软硬程度的指标。目前,生产中测定硬度最常用的是压入硬度法,其原理是用一定几何形状的压头,在一定载荷下压入被测试的金属材料表面,根据被压入程度来测定其硬度值。常见的硬度测量标准有布氏硬度(HBW、HBS)、洛氏硬度(HRA、HRB、HRC)和维氏硬度(HV)等。

3)塑性。塑性指金属材料在外力作用下产生永久变形而不断裂的能力,也是工程材料的主要力学性能指标之一。为防止零件工作时脆断,要求其材料有一定的塑性,许多零件或毛坯是通过塑性变形成型的,因此要求其材料有较高的塑性。塑性的大小用材料在断裂前的最大变形量来衡量。

4)冲击韧性。以较高速度作用于机件上的载荷称为冲击载荷,金属在冲击载荷作用下抵抗破坏的能力叫冲击韧性。

5)疲劳强度。零件在工作时,通常会受到一种大小、方向随时间周期性变化的负荷作用,这种负荷称为交变负荷。零件在交变负荷作用下,发生断裂时的应力远低于该材料的强度极限,甚至低于屈服极限,这种现象称为金属疲劳,由此引起的断裂称为疲劳断裂。材料抗疲劳断裂的能力叫作疲劳强度。

(2)金属材料的物理性能

1)密度。密度指单位体积物质的质量。密度小于$4.5g/cm^3$的金属称为轻金属,如铝、镁、锂及其合金。

2)熔点。金属从固态向液态转变时的温度称为熔点。纯金属都有固定的熔点。熔点高的金属称为难熔金属,如钨、铝、钒等,可用来制造耐高温零件,在火箭、导弹、燃气轮机和喷气飞机等方面得到了广泛应用。

3)导电性。物体传导电流的能力称为导电性,用电阻率来衡量。电阻率越小,金属材料导电性越好。银是导电性最好的金属,铜、铝次之,合金的导电性比纯金属差。

4)磁性。金属材料根据磁性可分为铁磁性材料、顺磁性材料和抗磁性材料。铁磁性材料在外磁场中能强烈地被磁化,如铁、钴等,可用于制造变压器、电动机、测量仪表等。顺磁性材料在外磁场中只能微弱地被磁化,如锰、铬等。

5)导热性。导热性通常用热导率来衡量,热导率越大,导热性越好。银是导热性最好的金属，铜、铝次之，合金的导热性比纯金属差。

6）热膨胀性。金属材料随温度变化而膨胀、收缩的特性称为热膨胀性。由膨胀系数大的材料制造的零件，在温度变化时，尺寸和形状变化较大。

（3）金属材料的化学性能

金属的化学性能主要指耐蚀性和抗氧化性，统称化学稳定性，高温下的化学稳定性也称为热稳定性。

1）耐蚀性。金属材料在常温下抵抗氧、水蒸气及其他化学介质腐蚀破坏作用的能力称为耐蚀性。碳素钢、铸铁的耐蚀性较差；钛及其合金、不锈钢的耐蚀性好；铝合金和铜合金也有较好的耐蚀性。

2）抗氧化性。金属材料在加热时抵抗氧化作用的能力称为抗氧化性。加入 Cr 和 Si 等元素可提高钢的抗氧化性。抗氧化合金钢可用于制造内燃机排气门及加热炉底板、料盘等。

3. 金属材料的工艺性能

金属材料的工艺性能指材料被加工成零件的难易程度，包括铸造性能、焊接性能、切削加工性能、锻压性能及热处理性能等。

（1）铸造性能

铸造是将熔化后的金属液注入已经制好的铸型型腔中，经冷却凝固后获得所需铸件（毛坯或零件）的一种热加工工艺方法。

金属的铸造性能指能否将金属材料用铸造方法制成优良铸件的性能。它取决于金属的流动性、收缩性和偏析等。

（2）焊接性能

焊接是通过加热（加压或不加压）使两块分离的金属结合成整体的一种热加工工艺方法，可分为熔化焊、压力焊、钎焊三种，其中熔化焊使用最广泛，而电弧焊和气焊应用最普遍。其特点是可以小拼大，简化结构等。

焊接性能指焊接时被焊材料的可焊性及焊缝接头质量的好坏，还有焊后变形等。它可以通过焊接试验来评定，其主要标准是产生裂缝的可能性和裂纹的多少，以及有无气孔产生。

（3）切削加工性能

切削加工性能指金属材料被切削加工的难易程度。金属材料的切削加工性，不仅与材料本身的化学成分、内部组织有关，还与刀具的几何参数等因素有关。通常，可根据材料的硬度和韧性对其切削加工性能进行大致判断。工件硬度过高，则刀具易磨损，切削加工困难；硬度过低，则容易粘刀，且不易断屑，加工后表面粗糙。因此，硬度过高或过低、韧性过大的材料，切削性能均较差。而切削加工性能好的材料，对刀具磨损小，切屑量大，切屑易于折断脱落，加工表面精度也高。

（4）锻压性能

锻造是对塑性较好的金属材料，通过加热、塑性变形获得所需毛坯或零件的一种热加工工艺方法。

金属的锻压性能指经锻造生产后所获得的锻件的质量好坏。若金属在锻压时塑性好、变形抗力小，则说明该金属锻压性能好，这取决于金属的化学成分、组织结构及变形条件。

（5）热处理性能

热处理是将金属材料加热到固态下的不同温度并保温一段时间，以不同的速度冷却获得所需晶体结构及相应性能的一种工艺方法。

热处理的方法有普通热处理（淬火、回火、退火、正火）、表面热处理（只改变金属表层的性能）、表面化学热处理（既改变表层化学成分，又改变表层性能）等。

二、车身用钢板

车身用钢板有热轧钢板、冷轧钢板、镀覆钢板、不锈钢板和高强度钢板五大类。车身用钢板如图2-2所示。

1）热轧钢板是在加热状态下直接将板料轧至所需尺寸而形成的板料。

2）冷轧钢板是将坯料在热状态下轧至一定厚度，再在常温状态下轧至所需尺寸，薄钢板一般都是冷轧板。

3）镀覆钢板是经过表面处理的钢板，在钢板的表面施以锌、铝、锡等金属镀层处理的钢板，还有镀 Zn–Cr、Zn–Mg、Zn–Al 等合金的电镀钢板。

图2-2　车身用钢板

4）不锈钢板是在碳钢中添加铬或铬和镍，经热轧和冷轧所制成的钣金材料。这种材料耐蚀性极强，不生锈，表面光亮，故称不锈钢板。

5）高强度钢板种类较多。高强度钢板的抗拉强度一般在600MPa以上，其破坏强度为普通车用钢板的2~3倍，故称高强度钢板。

三、车身用铝合金

新型车身上已开始应用铝合金，如图2-3所示。最初，铝合金只用于车身的外部装饰件，现在车身的结构件也可以全部用铝合金来制造，如别克GL8、标致307等车的发动机舱盖用铝合金制造。奥迪及宝马旗下的某些车型用铝合金来制造车身结构件和外部装饰件。

1. 铝合金类型

铝合金分为两大类，一类为变形铝合金，另一类为铸造铝合金。

图2-3　奥迪A8的铝合金车身

1）变形铝合金强度较高、比强度大且易于塑性成形。变形铝合金又分为：工业纯铝、热处理不可强化的铝合金及热处理可强化的铝合金。

2）铸造铝合金适于熔融状态下充填铸型，以获得一定形状和尺寸的铸件毛坯。铸造铝合金分为：铝硅系合金、铝铜系合金、铝镁系合金及铝锌系合金。

2. 铝合金的性能

铝的熔点较低（约为660℃），加热后其力学性能变化极为明显，由于熔点低、硬度低，冲压加工过程中材料表面易出现拉伤，摩擦力较大时还会发生灼伤。铝及铝合金焊接工艺性略差，用于中等载荷的零件需在气体保护状态下焊接，一般为 CO_2 气体保护接触电弧焊、点焊或电阻对焊。车身维修作业中需要手工焊接铝合金材料时，应按照特定的焊接工艺，由有经验的人员操作，才能获得理想的焊接效果。

3. 铝合金材料的优点

1）铝合金结构件需要承受较大载荷时，仍采用焊接工艺往往难以保证其结合强度。用铆钉连接则可以有效解决此问题。在普通大气环境或水中，铝合金几乎不会受到侵蚀。这种铝板不但具有一定的耐蚀性，而且外观好，无需外加装饰覆盖层就可以直接用作车身内、外装饰构件。

2）铝合金和压力加工铝合金经表面处理后，以各自独特的表面特征和力学性能成为制造车身零件的优选材料。铝合金板有很好的压延性能，可以冲压成各种形状复杂的深拉延构件且具备一定的承载能力，主要用于制造保险杠、车身蒙皮、车轮挡泥罩和门板、底板、裙板的部分构件及保温车箱等。覆膜铝合金可以制造车身装饰镶条、脚踏板、拉手、行李架等。

四、不同车身金属材料的修复工艺

汽车发生碰撞损坏后，对于车身金属板件，必须采用全方位拉伸法进行校正，尽量不采用加热的方式，避免金属内部金相结构发生改变，导致强度降低，使汽车再次碰撞时不能有效保护乘客。

当前，车身金属材料的修复一般采用熔焊、压力焊和粘接等方式，而过去常用焊条弧焊和氧-乙炔气焊。焊条弧焊现仅用于车架式车身及低碳钢车身修复；氧-乙炔气焊、压力电阻焊和粘接只用在一些特殊的工艺中。在进行车身钣金焊接维修时，要采用不会降低车身原有强度和耐久性的最佳焊接方法，因此必须熟悉原车各部位不同金属的修复工艺。

你学会了吗？

1. 金属材料的性能包括哪些？
2. 金属材料的使用性能包括哪些？
3. 金属材料的工艺性能包括哪些？
4. 车身用钢板有哪几种？
5. 车身用铝合金的特点是什么？
6. 铝合金材料的优点是什么？
7. 车身金属材料的修复工艺有哪些？

第17天　车身非金属材料

学习目标

1. 了解塑料的分类和特性，并熟悉车用塑料的用途。
2. 了解汽车玻璃的分类和特点。
3. 了解橡胶的基本性能及车用橡胶的使用。
4. 熟悉黏结剂的类型及其用途。
5. 了解石棉制品的用途。

基础知识

一、塑料

1. 塑料的分类和特性

塑料的种类很多，按其热性能不同，可分为热固性塑料和热塑性塑料两大类。

1）热固性塑料指经一次固化后，不再受热软化，只能塑制一次的塑料。这类塑料耐热性能好，受压不易变形，但力学性能较差。常用的有环氧塑料、酚醛塑料、氨基塑料、有机硅塑料等。

2）热塑性塑料指受热时软化，冷却后变硬，再加热又软化，冷却又变硬，可反复多次加热软化加工的塑料。这类塑料加工成形方便、力学性能较好，但耐热性相对较差、容易变形。热塑性塑料数量很大，约占全部塑料的80%，常用的有聚乙烯、聚氯乙烯、聚四氟乙烯、聚苯乙烯、聚丙烯、聚甲醛、聚苯醚、聚酰胺等。

2. 塑料的主要特性

塑料具有许多优良的物理、化学性能和力学性能，主要有：

1）质量轻。
2）化学稳定性好。
3）强度较高。
4）良好的电绝缘性能。
5）优良的耐磨性、减摩性。
6）良好的吸振性和消声性。

3. 车用塑料件

车用塑料件具有质量轻、坚固和易着色等特点，在汽车材料中应用范围逐渐扩大，除塑料钣金件外，常用于制作各种结构零件、耐磨减摩零件、隔热防振零件等，如图2-4所示。

4. 车用塑料件的鉴别

在对汽车塑料件进行维修前，必须先明确需要维修的塑料件的类型，再决定维修方法。识别未知塑料件类型的方法主要有四种。

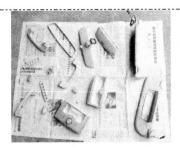

图 2-4　各种典型塑料零件

（1）编号识别法

如图 2-5 所示，塑料件可通过压印在零部件上的国际标准符号或 ISO 码进行识别（许多制造商使用这些符号，符号或缩略语印制在零部件背面的一个椭圆标记内），必须拆下零件才能读取这些符号。如果无法用符号确定塑料件，则可通过车身维修手册查找车辆所用的塑料件信息（一般车身维修手册均会列出专用的塑料种类）。

图 2-5　车用塑料国际标准符号

（2）燃烧测试法

通过燃烧塑料件时产生的火焰和烟来确定塑料的种类。然而，现在许多塑料件使用含有多种成分的复合塑料，在这种情况下，燃烧测试不能确定塑料的种类。此外，燃烧塑料会对环境造成污染，因此一般不建议使用此方法。

（3）粘接测试法

进行焊条粘接测试或用试凑法，在零部件的隐蔽部位或损坏部位进行粘接测试，如图2-6所示。试用不同的焊条，直到发现一种焊条能够粘接在塑料件上，便可确定塑料的基本类型。

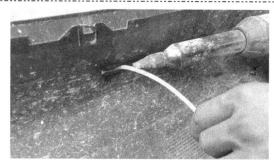

图2-6　粘接测试法

（4）挠性测试法

如图2-7所示，用手弯曲塑料件，与塑料件样本的挠性进行比较，然后确定最符合基本材料特性的塑料种类。热固性塑料在弯折后一般不能完全恢复形状，而热塑性塑料弹性较强，容易恢复形状。

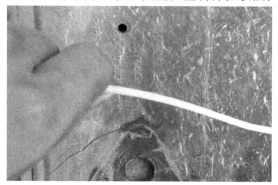

图2-7　挠性测试法

二、汽车玻璃

汽车玻璃是构成汽车外形的重要材料之一，它具有透明、隔声和保温的优点。汽车专用玻璃根据用途和加工工艺，主要分为以下几种类型。

1. 钢化玻璃

通过淬火（钢化处理）可以使普通硅酸盐玻璃的质地变得非常坚固。这种钢化玻璃是通过加热达到软化程度时（一般为600℃），向玻璃两面急速吹送冷风，通过急冷进行所谓"风淬"处理得到的。玻璃表面冷硬后形成的压应力，是使强度得到提高的机理。钢化玻璃的强度和耐冲击能力要比普通玻璃高3~5倍，其在受到碰撞损伤后，瞬时就会变成带钝边的小碎块，不会给人员造成更大伤害。钢化玻璃如图2-8所示。

2. 夹层玻璃

夹层玻璃是针对淬火玻璃存在的不完善之处而产生的，它是迄今为止最适于作为前风窗的安全玻璃。用两块或三块薄玻璃板，中间夹入PVB薄膜，使两层或三层玻璃粘接成为一体，形成夹层式安全玻璃。夹层玻璃中间的透明胶层能与玻璃取得一样的曲率，故透明度并不受夹胶层的影响。许多试验和实践都证明，夹层玻璃可以有效减轻撞击事故发生时玻璃碎片对人员的伤害。夹层玻璃如图2-9所示。

3. 特种用途玻璃

特种用途玻璃一般是在钢化玻璃基础上，通过专门的工艺加工出来的具有特殊功能的汽车玻璃。特种车窗玻璃如图2-10所示。

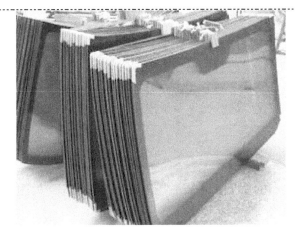

图 2-8 钢化玻璃　　　　　图 2-9 夹层玻璃

为使车窗玻璃具有遮挡阳光照射的功能，在硅酸盐玻璃中加入微量的 Go（钴－蓝色）、Fe（铁－红褐色）或其他金属元素，便可制成能够抵挡紫外线照射的着色玻璃。有些着色玻璃还能随阳光的强弱自动变化色度，以减少乘客眼睛的疲劳程度，增加了乘车的舒适性。

三、橡胶

图 2-10 特种车窗玻璃

1. 橡胶的基本性能

（1）极高的弹性

这是橡胶独特的性能，橡胶的伸长率可达 $100\% \sim 1000\%$。橡胶初受负荷时变形量很大，但随外力的增加，又具有很强的抵抗变形的能力。因此，橡胶可作为减振材料，用于制造各种减轻冲击和吸收振动的零件。

（2）良好的热可塑性

橡胶在一定温度下失去弹性而具有可塑性，称为热可塑性。橡胶处于热可塑性状态时，容易加工成各种形状和尺寸的制品，并且在加工外力去除后，仍能保持变形后的形状和尺寸。根据这一特性，可把橡胶加工成不同形状的制品。

（3）具有良好的黏着性

黏着性指橡胶与其他材料黏结成整体而不分离的能力。橡胶有很强的吸附能力，能与其他材料黏结成整体，如汽车轮胎就是由橡胶与棉、毛、尼龙等牢固地黏结在一起制成的。

（4）良好的绝缘性

大多数橡胶是绝缘体，是制造电线、电缆等导体的绝缘材料。此外，橡胶还具有良好的耐寒性、耐蚀性和不渗漏水、气等性能。

（5）缺点

橡胶的缺点是导热性差，硬度和抗拉强度不高，尤其是容易老化。

2. 车用橡胶

汽车上用量最大的橡胶制品是轮胎，目前全世界生产的橡胶约有80%用于制造轮胎。此外，橡胶还广泛用于各种胶带、胶管、减振配件及耐油配件等。

四、黏结剂

黏结剂一般又称黏结密封剂，它是车身修复中不可缺少的产品，主要用来组装连接、填隙密封，还可代替铆焊以减轻汽车的质量、降低消耗，提高汽车和车身的耐用性和可靠性。用于车身的黏结密封剂主要有如下几种。

1. 点焊密封胶

如图2-11所示，它是冲压钣金件点焊前涂敷在接缝处的一种密封剂。点焊后和油漆一起烘干，形成密封层，防止水分和灰尘侵入。它多为聚氯乙烯合成橡胶（如丁苯橡胶）类。

2. 折边黏结剂

如图2-12所示，它用于填充车门、发动机舱盖和行李舱盖折边的缝隙，起防水、防锈的作用。这种黏结剂可分为单组分环氧型和聚氯乙烯塑料溶胶型，它们均可随油漆的烘干而固化。

图2-11 点焊密封胶

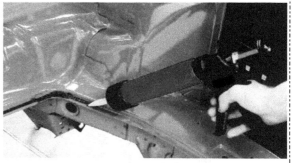

图2-12 折边黏结剂

3. 风窗玻璃黏结剂

风窗玻璃黏结剂可以将风窗玻璃直接黏结在窗框上，如图2-13所示。常用的有聚

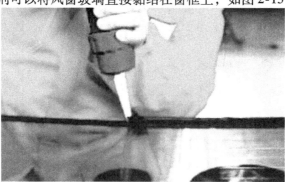

图2-13 风窗玻璃黏结剂

硫橡胶型黏结剂、丁基胶带、聚氨酯密封胶三类。

4. 密封条黏结剂

用于在汽车车门、发动机舱盖和行李舱盖的涂漆钢板上黏结各种橡胶密封条,以防止雨水、尘土的侵入。

5. 内饰件黏结剂

用于汽车内饰件,如顶篷衬里、仪表板、车门护板、侧护板、遮阳板、座垫、靠背和地毯等的黏结,以保证安全性和舒适性。常用的有氯丁酚醛胶和丁腈橡胶,以聚异丁烯橡胶为主体材料的各种胶型,以及水基型顶篷黏结剂等。

五、石棉制品

石棉具有良好的柔软性,高度耐火性,而且有较好的防腐性和吸附能力,但导热、导电性差。石棉在汽车上主要用于密封、隔热、保温、绝缘和制动等。

1. 石棉板

石棉板是用石棉、填料和黏结材料制成的。它分耐油橡胶石棉板、衬垫石棉板、高压橡胶石棉板三种。石棉板通常用于制作有高温要求的密封衬垫及垫片内衬物,如气缸床、排气管接口垫圈内衬等。

2. 石棉摩擦片

石棉摩擦片由石棉、辅助材料和黏结剂经混合加热后压制而成。它具有硬度高、摩擦系数大、耐高温、耐冲压和耐磨耗等特点,主要用于汽车的动力传递和制动,如制作离合器和制动器的摩擦片等。

▲你学会了吗?

1. 塑料的分类和特性是什么?
2. 汽车玻璃的分类和特点如何?
3. 车用橡胶的用途是什么?
4. 黏结剂分为哪几类?其用途如何?
5. 石棉制品的用途是什么?

第三章

车身结构与碰撞知识必知必会

第18天　汽车车身的结构

学习目标

1. 了解车身的结构形式。
2. 熟悉轿车车身的结构。

基础知识

一、车身的结构形式

车身结构可按承载方式分为车架式车身、承载式车身、半承载式车身及空间构架式车身四种类型。

1. 车架式车身

车架式车身也称非承载式车身，其特点是车身与车架通过弹性元件连接，如图3-1所示。汽车车身仅承受本身和所装载货物的重力及汽车行驶时的惯性力与空气阻力。而发动机、底盘各部件的重力及这些部件工作时的作用力，以及汽车行驶时道路对汽车的外加载荷等都由车架承受。

车架式车身的优点是底盘强度较高，抗颠簸性能好，车身不易扭曲变形，但比较笨重，质量大，一般用在货车、客车和越野车上。

2. 承载式车身

承载式车身也称无车架式车身，其特点是发动机、前后悬架、传动系统的一部分等总成部件装配在车身上，车身负载通过悬架装置传给车轮，如图3-2所示。

承载式车身的优点是噪声小、重量轻、相对省油，缺点是强度相对较低。大多数轿车都采用承载式车身。

图 3-1　车架式车身

图 3-2　承载式车身

3. 半承载式车身

半承载式车身的特点是车身与车架焊接或使用螺栓进行刚性连接，二者成为一体，共同承受载荷。它兼具了非承载式车身和承载式车身的特点。

4. 空间构架式车身

如图 3-3 所示，空间构架式车身（Audi Space Frame，ASF）是奥迪研发的以铝为主要材料，结合其他材料构建的轻量化技术车身。

图 3-3　空间构架式车身

二、轿车车身的结构

以轿车为例，车身是由外部覆盖件和内部钣金件经冲压、焊接而成的空间结构。它一般由车身壳体、车身外部装配件和车身内部装配件组成。

1. 车身壳体

如图 3-4 所示，车身壳体是整车的基础件，整车载荷由其承受。因此，整车的性能、质量、可靠性与车身壳体紧密相关。车身壳体的大部分部件都通过焊接组合，只有少部分采用粘接的方式，还有个别部件如前翼子板采用螺钉连接。

2. 车身外部装配件

车身外部装配件主要包含前保险杠总成、前围上板、前灯座框总成、左右前翼子板、左右前车门总成、左右后车门总成、后保险杠总成、行李舱总成、发动机舱盖总成及各类灯具、各类饰件等。

图 3-4　车身壳体

3. 车身内部装配件

如图 3-5 所示，车身内部装配件主要包括仪表板总成、操作台、乘员舱装饰板、左右前座椅及安全带机构、后座椅总成、车内后视镜、后搁板等部件。

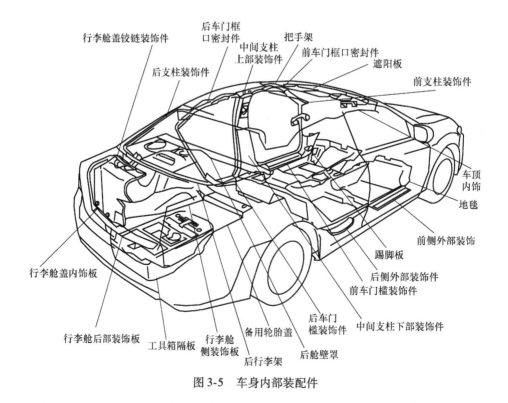

图 3-5　车身内部装配件

你学会了吗？

1. 车身的结构有哪几种形式？
2. 不同车身结构分别有哪些特点？
3. 车身壳体的作用和特点是什么？
4. 车身外部装配件有哪些？
5. 车身内部装配件有哪些？

第19天　汽车碰撞情况分析

学习目标

1. 了解汽车碰撞损坏类型。
2. 熟悉碰撞分析的方法。

基础知识

一、汽车碰撞类型

1. 前部碰撞

1）如果碰撞程度较轻，则保险杠会被向后推，前侧梁、保险杠支撑、前翼子板、散热器支座、散热器上支撑和发动机舱盖锁紧支承等也会受压弯曲，如图3-6所示。

2）如果碰撞力较大，则前翼子板与车门挤在一起，会使车门启闭困难；发动机舱盖铰链会向盖顶部方向弯曲；前纵梁会弯曲并引起前横梁变形，如图3-7所示。

图3-6　车身前部经较轻碰撞后的变形

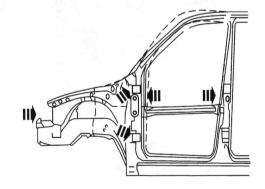

图3-7　车身前部经较大碰撞后的变形

3）如果碰撞力足够大，则会造成前翼子板、保险杠、散热器、纵梁等严重变形，车门前立柱（特别是前门铰链上部区域）会发生弯曲变形，车门下垂、车身底板及前挡泥板拱曲等也会变形，如图3-8所示。

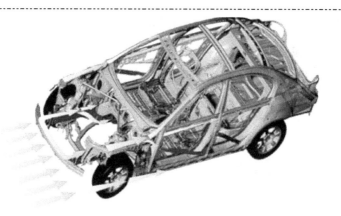

图 3-8 车身前部经严重碰撞后的变形

2. 后部碰撞

1）如果碰撞程度较轻，后保险杠、后地板、行李舱盖及地板可能会变形，相互垂直的钢板也会弯曲，如图 3-9 所示。

2）如果碰撞力足够大，则后顶盖侧板会塌陷至顶板底面。对于四门轿车，中心车身支柱也可能会弯曲。碰撞能量因这些上部结构的变形及后侧梁的上弯而被吸收，如图 3-10 所示。

3. 侧面碰撞

1）如果碰撞程度较轻，则会造成车身外侧板凹陷，如图 3-11 所示。

2）如果碰撞严重，则会导致车门、门中立柱、车顶等发生变形，使前、后车身偏移，如图 3-12 所示。

图 3-9 车身后部经较轻碰撞后的变形

图 3-10 车身后部经严重碰撞后的变形

图 3-11 车身侧面经较轻碰撞

图 3-12 车身侧面经严重碰撞

3）如果前翼子板或后顶盖侧板受到垂直方向上较大的碰撞，则振动波会传递到车身相反一侧，如图 3-13 所示。前翼子板的中心位置受到碰撞时，前轮会被推进去，振动波也会从前悬架横梁传至前侧梁。这样，悬架元件就会损坏，前轮的中心线和基线也都会改变。经侧向碰撞后，转向装置的拉杆和转向齿轮/齿条也会遭破坏变形。

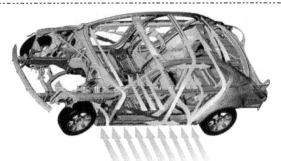

图 3-13　振动波传递

4. 顶部碰撞

顶部碰撞主要是汽车翻滚引起的，会导致车顶、车顶梁和边梁弯曲，还会引起前、后风窗框柱、门中立柱的变形，如图 3-14 所示。

5. 车身变形综述

碰撞瞬间，汽车的结构会缩短，并引起中部车身横向及垂直方向的弯曲变形。碰撞力以冲击波的形式开始向撞击点以外的区域扩散。但略有弹性的刚性车身结构会使车身保持原来的形状，变形并不会马上产生。

在碰撞的持续作用下，碰撞点上和前部的碰撞缓冲区会产生显著的挤压，导致变形和断裂。碰撞的能量会被车身结构的变形吸收，以保护乘员舱。同时，冲击波加剧扩散，其他车身区域也出现皱褶、断裂和松动。如果碰撞的能量足够大，则会引起中央车身向外鼓起变形，以保护乘员不受伤害，车门也能顺利打开。

图 3-14　车身顶部经碰撞后的变形

二、碰撞分析

碰撞造成的车身损坏程度主要取决于碰撞力的三个基本要素，即碰撞力的大小、碰撞力的作用方向和碰撞力的作用点。

1. 碰撞力的大小

1）如果汽车与固定物体相撞，则有 $F = (mv)/t$。

2）如果汽车与逆向运动的汽车相撞（对撞），则有 $F = (m_1v_1 + m_2v_2)/t$。

3）如果汽车与同向运动的汽车相撞（追尾），则有 $F = (m_1v_1 - m_2v_2)/t$。

2. 碰撞力的作用方向

碰撞力的损坏程度还取决于碰撞力与汽车质心相对应的方向。

1）如图 3-15 所示，若碰撞力的延长线不通过汽车的质心，则一部分冲击力会形成使汽车绕质心旋转的力矩，该力矩使汽车旋转，减少了冲击力对汽车零部件的损坏。

2）如图 3-16 所示，若碰撞力指向汽车的质心，则汽车不会旋转，大部分能量会被汽车零件吸收，造成的损坏是非常严重的。

3. 碰撞力的作用点

碰撞力的作用点主要分为对壁碰撞和对柱碰撞，如图 3-17 所示。

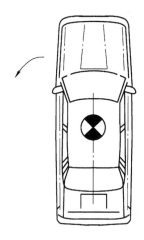 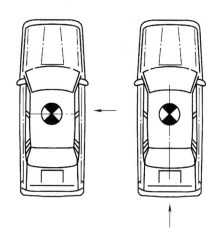

图 3-15　碰撞力不通过汽车的质心　　　　图 3-16　碰撞力通过汽车的质心

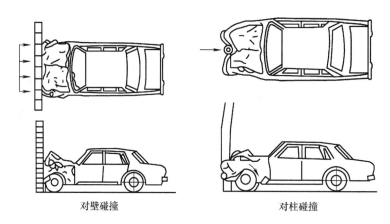

对壁碰撞　　　　　　　　　　对柱碰撞

图 3-17　碰撞力的作用点

你学会了吗?

1. 汽车碰撞有哪几种类型?
2. 不同汽车碰撞类型各有什么特点?
3. 决定碰撞力的三个基本要素是什么?

第 20 天　汽车碰撞对车身结构的影响

学习目标

1. 掌握汽车碰撞对承载式车身结构的影响。
2. 掌握汽车碰撞对非承载式车身结构的影响。

基础知识

一、汽车碰撞对承载式车身结构的影响

碰撞会使承载式车身发生各种变形，主要包括车身上下弯曲、左右弯曲、挤缩、扭曲和菱形变形等形式。

1. 上下弯曲

车架上下弯曲后，车身外壳表面会比正常位置低，结构上有后倾现象。上下弯曲一般是由前方或后方直接碰撞引起的，判断上下弯曲变形可以查看挡板与门之间的缝隙是否存在顶部变窄、下部变宽的现象，如有则说明存在上下弯曲。车门撞击后下垂也是车架上下弯曲的表现之一。上下弯曲是交通事故中常见的车辆损伤，如图 3-18 所示。

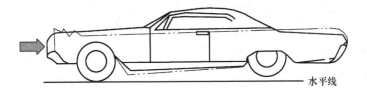

图 3-18　上下弯曲

2. 左右弯曲

来自一侧的碰撞冲击通常使车架左右弯曲。左右弯曲通常发生在汽车的前部、中部或后部，如图 3-19 所示。上下弯曲可以通过观察钢梁的内侧或外侧是否有皱曲现象来判断。此外，根据车身和车顶盖的错位情况都能辨别车架的左右变形。

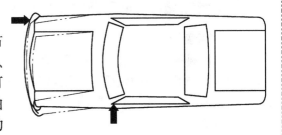

图 3-19　左右弯曲

3. 挤缩

挤缩通常表现为发动机舱盖前移或车窗后移。有时，车门可能吻合得很好，看上去没有受什么影响，但在挡板、车壳或车架的拐角处会有皱褶，在车轮挡板圆顶处，车架会向上提升，如图 3-20 所示。

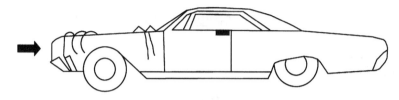

图3-20 挤缩

4. 扭曲

汽车在高速撞击到路缘或隔离墩时就可能发生车架扭曲。受此损伤后，车身的一角会比正常情况高，与之相对的另一角则比正常情况低。后侧角端受碰撞时也会产生扭曲，如图3-21所示。

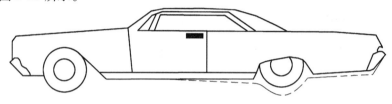

图3-21 扭曲

5. 菱形变形

车身的一角受到来自前方或后方的撞击时，会导致车身及车架歪斜，使其形成一个接近于平行四边形的形状，称为"菱形变形"。如图3-22所示，对于发生"菱形变形"的轿车，发动机舱盖及行李舱盖发生错位，车顶部可能出现皱褶，其他部位还会有许多断裂及弯曲组合的损伤。

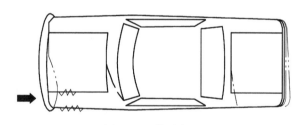

图3-22 菱形变形

二、汽车碰撞对非承载式车身结构的影响

1. 侧弯变形

由侧面碰撞引起，造成非承载式车身弯曲变形，如图3-23所示。这会导致某侧纵梁的内侧及与其相对的纵梁的外侧出现皱褶凸痕，纵梁拉长一侧的车门上出现裂缝，缩短一侧的车门出现褶痕等影响。

2. 下凹变形

如图3-24所示，下凹变形是由前部或后部的正面碰撞引起的，这会导致翼子板与车门之间出现不规则缝隙，缝隙一般为上窄下宽。

3. 挤压变形

如图3-25所示，挤压损伤会造成某一部位比正常尺寸短，这是由正面碰撞引起的，会导致翼子板、行李舱、发动机舱盖、车架及大梁出现皱褶或扭曲变形。

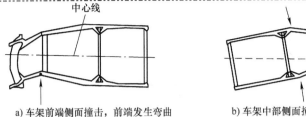

a) 车架前端侧面撞击,前端发生弯曲　　b) 车架中部侧面撞击,前后端发生弯曲

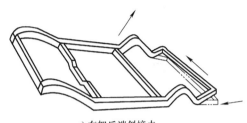

c) 车架后端斜撞击

图 3-23　侧弯变形

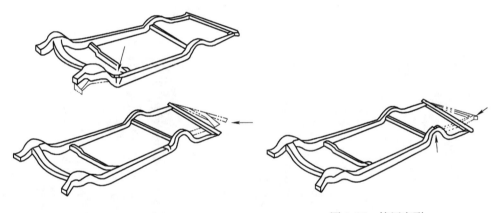

图 3-24　下凹变形　　　　　图 3-25　挤压变形

4. 错移变形

错移损伤会使汽车的一侧向前或向后移动,整个非承载式车身由长方形变成平行四边形。错移是汽车某一角受前部或后部猛烈碰撞造成的,如图 3-26 所示。这会导致发动机舱盖、行李舱、靠近后车轮的后侧围、乘员舱出现皱褶,并伴有挤压和下凹损伤。严重的错移损伤会导致整个车身及车架报废。

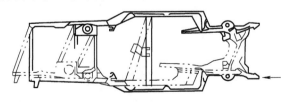

图 3-26　错移变形

5. 扭曲变形

如图 3-27 所示,扭曲损伤会造成车架一角上翘,而其对顶角会下折。这是由车身前部或车尾的一侧角碰撞所致。

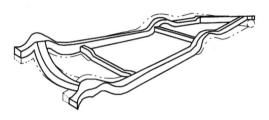

图 3-27 扭曲变形

 ▶你学会了吗?

1. 碰撞造成的承载式车身变形有哪些?各有何特点?
2. 碰撞造成的非承载式车身变形有哪些?各有何特点?

第四章

车身测量必知必会

第21天 车身碰撞损伤测量的基本原理及方法

1. 了解车身碰撞损伤测量的基本要素。
2. 掌握车身碰撞损伤测量的方法。

一、车身碰撞损伤测量的基本要素

车身碰撞损伤的测量关系到车身修复作业的全过程,一般分为作业前、作业中和竣工后三个阶段。作业前的测量,旨在判别车身损伤状态,了解变形程度的大小,并为确定修复方案提供可靠依据。修复作业过程中的测量,有助于对修复过程的质量进行有效控制。竣工后的测量,为验收和质量评估提供了可靠的数据。对车身及其构件的测量主要是点、线、面三个基本要素,具体如下。

1. 控制点

车身测量的控制点可用于检测车身损伤及变形的程度。车身设计与制造中设有多个控制点,检测时可测量车身上各控制点之间的尺寸,如果测量值超出规定的极限尺寸,就应对其进行矫正,使其达到规定的技术标准。

车身的控制点,如图4-1所示。第一个控制点通常在前横梁处①;第二个控制点在前围板区域内②;第三个控制点在后车门区域内③;第四个控制点在后车身后横梁处④。车身制造是以这些控制点作为组焊和加工定位基准的,同时也作为车身测量时的定位基准。

对车身进行修复时,可根据控制点的分布将车身分为前、中、后三部分,如图4-2所示。这种划分方法主要基于车身壳体的刚度等级和区别损伤程度,分析并利用好各控制点在车身测量的定位基准中的作用和意义。

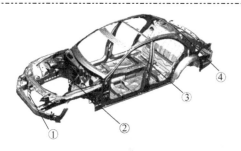
图 4-1 车身的控制点分布

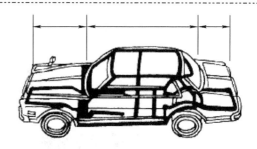
图 4-2 车身壳体的强度等级

2. 基准面

车身设计时通常先选定一水平基准面,车身上各对称平行点所形成的线或面与之平行,如图 4-3 所示。车身图纸上沿高度方向上所标注的尺寸,都是车身各部位与水平基准面间的距离,即基准面是所有高度尺寸的基准。在车身测量与修复中,同样可以利用基准面作为车身高度尺寸的测量基准。

在实际测量中,遇到要测量部位不便于使用量具直接测量时,可以根据数据传递方法,将基准平面上移或下移,这样不仅有利于测量仪器的使用,还可获得更加准确的测量结果。

3. 中心线及中心面

如果利用一个假想的具有空间概念的直线和平面,能够将车身沿宽度方向截为对称的两半,则这一直线和平面为基准中心线和中心面,如图 4-4 所示。车身上各点通常是沿中心面对称分布的,因此所有宽度方向上的尺寸参数及测量,都是以该中心线或中心面为基准的。

实际测量中,如果使用中心量规检查车身损伤,且不同测量断面上中心量规的中心销在同一直线或平面上,则可以认定车身无横向变形和损伤。反之,则说明偏移的中心量规所处的车身断面发生了横向变形或损伤。修复车身变形或损伤时,应在纵向、横向两个截面上反复调整和校对,使车身表面各关键点(空间坐标)符合技术规定。

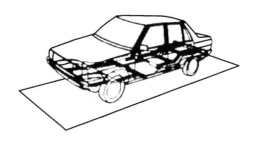
图 4-3 基准面

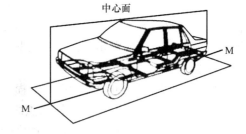
图 4-4 基准中心线和中心面

4. 零平面

车身是一个整体刚性框架,属于应力壳体或结构,整个车身都参与承载。对于一定载荷,车身会将其分散开来,分别作用于车身各构件上。根据车身应力壳体式结构的变形特点和损伤规律,测量时可将车身前、中、后三部分和左右对称部分的界面称为零平面,如图4-5所示。

以车身中间段为例，轿车发生碰撞事故时，损伤最轻的部位通常是车身中间段的对称中心，如果以此为基准测量，则可得到可靠的检查与测量结果。

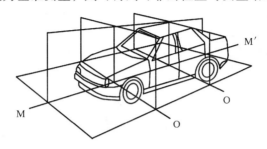

图 4-5　零平面

二、车身碰撞损伤测量的方法

1. 测距法

测距法可以直接获得定向位置点与点的距离，是最简单、最实用的一种测量方法。它主要通过测距来体现车身构件之间的位置状态。测距法使用的主要工具是钢卷尺、轨道式量规、中心量规。

（1）钢卷尺测量

如图 4-6 所示，用钢卷尺可以测量两个测量点之间的距离，测量孔的中心距时可从孔的中心或边缘开始测量。

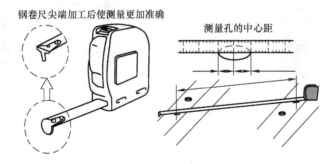

图 4-6　钢卷尺测量

（2）轨道式量规测量

对于一些发生变形的车架可以用轨道式量规测量。如图 4-7 所示，将车架置于平台上，并按一定的高度支稳，用轨道式量规逐一测量各基准点的相关参数。使用轨道式量规测量时，必须按车身标准数据测量损伤车辆上的所有点。

（3）中心量规测量

中心量规上有两个由里向外滑动时总保持平行的横臂，每一个横臂相对于中心量规所附着的车身结构都是平行的，测量时将其安装在汽车最前端、最后端、前轮的后部和后轮的前部即可测量，如图 4-8 所示。

图4-7 轨道式量规测量

图4-8 中心量规测量

2. 定中法

车身或车架与汽车纵轴线的对称度发生变化时，便很难用测距法对变形做出准确的判断，只能用定中法测量车身上的综合性变形。如前围板区域和后车门区域发生变化时，可将定中规放在控制点上，测量车身的尺寸，即可判断车身或车架的变形程度。

（1）定中规的使用方法

使用时，一般将定中规悬挂在车身壳体的基准孔上，通过检查中心销、垂链和平行尺是否平行，以及中心销是否对中等来确定变形情况，如图4-9所示。

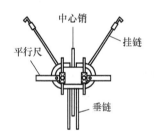

图4-9 定中规的使用方法

（2）定中规的使用注意事项

1）用定中规法测量时，如果操作不当则很容易造成判断失误。特别是定中规挂点的选择，一般以基准孔为挂点的优选对象，并注意检查基准孔有无变形等，如图4-10所示。

2）如图4-11所示，左右基准孔的高度不一致或为非对称结构时，一定要通过调整中心销的位置或挂钩（挂链）的长度加以补偿，其调整值应以车身尺寸图中提供的数据为准。

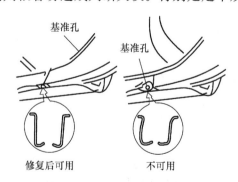

图4-10 定中规挂点的选择

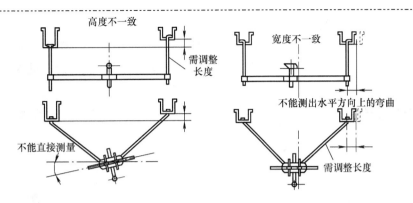

图 4-11 基准孔为不对称结构时的定中规悬挂方式

3. 坐标法

坐标法测量利用了车身构件的对称性原则，用测量架采集被测点在 X、Y、Z 三个方向上的数据。通过一组平行于 XZ 平面的平行平面截取被测件型面，交线即所在面的曲线。同理，也可用平行于 YZ 平面的一组平行面测得等距 X 间隔的各截面曲线。将两组测得的曲线组合，即可获得该构件曲面型线的坐标参数，圆滑连接便可形成该构件表面型线的实样测绘图。通过对测量结果进行对比、分析，车身构件的外观形态便可大致体现出来。坐标法主要有机械式通用测量系统和电子式测量系统。

1）机械式通用测量系统，如图 4-12 所示。

图 4-12 机械式通用测量系统

① 根据车身中心线，保证机械式通用测量系统导轨中心线与车身中心线完全重合。

② 根据车身尺寸图，选取车身对称位置的基准点，移动测量杆、测量针。一侧测量杆上的测量针轻轻接触到车身表面时，即可读取测量结果。

③ 按相同方法再测量另外一侧对应位置的尺寸数据。

2）电子式测量系统

① 将车辆举升后，安装好超声波接收器，打开控制电脑，如图4-13所示。

② 如图4-14所示，进入系统程序，选择所测量车型的相关信息，进入程序界面。

 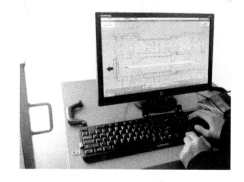

图4-13 打开控制电脑　　　　　　图4-14 进入系统程序

③ 选择测量基准点，根据基准点信息，选择相应的发射器适配器，通过系统提供的位置图片信息，在车身底盘上找到基准点位置，安装超声波发射器，如图4-15所示。

④ 开始测量，如果基准点及参考点位置不符合要求，则应先进行修复，然后再测量。

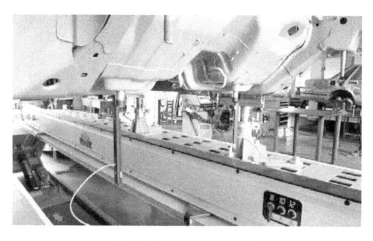

图4-15 安装超声波发射器

 你学会了吗？

1. 车身碰撞损伤测量的基本要素有哪些？
2. 车身碰撞损伤测量的方法有哪些？
3. 机械式通用测量系统如何使用？
4. 电子式测量系统如何使用？

第 22 天　车身数据图的识读与测量

▲学习目标

1. 了解车身数据图的基本要素。
2. 掌握车身数据图的测量方法。

一、车身数据图的基本要素

车身数据图一般都会注明车身上测量点的长、宽、高的三维数据，要读取数据，首先要找到图中长、宽、高的三个基准。如图 4-16 所示，以丰田车型为例说明汽车车身数据图。

（1）长度数据

首先找到车身的前后部基准点，然后从前部基准点用一条线延伸至中或后部基准点，这段距离的长度为该段的长度数据。

图 4-16　车身数据图

注意：使用车身数据图配合测量系统进行测量时，首先要把测量系统的宽度基准调整到与汽车的宽度基准一致或平行，然后调整汽车的高度，让汽车的高度基准与测量系统的高度基准平行，长度基准就在车身下部的基准孔位置。找到基准后，可使用各种测量头对车身进行坐标法测量。

（2）宽度数据

中心线把车身在宽度上一分为二，在俯视图上找到车身上的基准点，一般的基准点是左右对称的。两个基准点之间的距离有数据显示，单位是毫米（mm）。

（3）高度数据

高度数据表示的基准点一般在俯视图上都显示为两个左右对称的基准点。侧视图上每个点到高度基准线都有数据表示，这些数据就是基准点的高度值。

二、车身数据图的测量方法

参数法测量是以车身数据图作为依据标准的。车身尺寸图中，一般都会注明车身特定的测量点。以此数据为标准，对车身的定位尺寸进行测量，可以准确地评估变形及其损伤的程度，是非常可靠也较为常用的方法。

如图4-17所示，测量时，将所测得的实际车身结构尺寸与标准参数尺寸进行对比，相应各部位的变形与损伤便可以判别出来。以车身数据图给定尺寸为标准的参数法，在车身测量中，其定向位置要求用点与点之间的距离来体现，其对称性要求以理论轴线（或点）与实际对称轴（或点）的相对位置来体现。

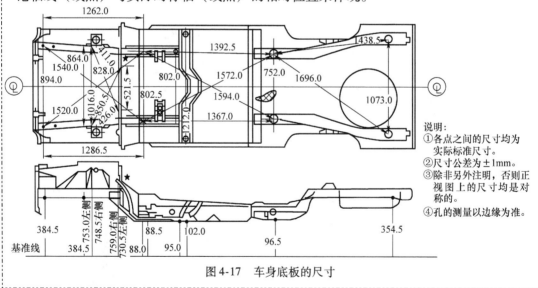

图4-17 车身底板的尺寸

实际操作

一、车身前段尺寸测量

如图4-18所示，测量车身前段（即发动机舱尺寸）时，首先要根据车身前段尺寸图确定发动机舱的位置尺寸，然后将测量数据与相应车身标准值进行比较，最后确定误差。

二、车身侧围尺寸测量

如图 4-19 所示，根据车身侧围尺寸图，选取车身侧围基准点，使用钢卷尺和杆规进行测量，读取并记录测量数据。然后，对测量数据和相应车身标准值进行比较，最后确定误差。

三、车身后段尺寸测量

如图 4-20 所示，首先通过观察行李舱盖在打开和关闭时的外观及不正常现象，即可初步判断车身后段是否变形。然后，根据车身后段尺寸图，选取行李舱基准点，使用钢卷尺和杆规进行测量，读取并记录测量数据。最后对测量数据和相应车身标准值进行比较，确定误差。

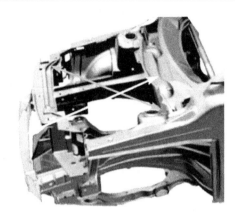

图 4-18　车身前段尺寸测量

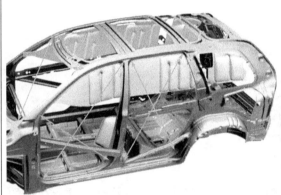

图 4-19　车身侧围尺寸测量

图 4-20　车身后段尺寸测量

你学会了吗?

1. 车身数据图的基本要素有哪些。
2. 车身数据图的测量方法是什么？
3. 车身前段、中段及后段尺寸分别如何测量？

第五章

汽车损伤评估与修复工艺必知必会

第23天 车身碰撞损伤诊断与评估

学习目标

1. 了解确定车身碰撞损伤程度的方法。
2. 掌握车身所有损伤部位。
3. 牢记汽车车身材料、结构和焊接工艺的评估方法。

一、确定车身碰撞损伤程度

1）目测车身碰撞损伤的位置，确定碰撞方向及碰撞力大小，并检查可能存在的损伤。

2）对于事故中损坏的车辆，应了解事故发生时汽车的速度和撞车或翻车的部位、方向及角度，以及被撞汽车的撞击形式、位置和角度等情况，以直观的方法确定车身碰撞损伤的部位和可能波及的区域。

3）对于大型事故车，应结合试车和测量仪器对其进行全面检查，检查车身底板是否变形，车身是否受到整体损伤和整体扭斜，检查车门开启是否自如等，以确定车身碰撞损伤程度和修理方式，如图5-1所示。

图5-1 确定车身碰撞损伤程度

二、确定车身所有损伤部位

车辆受到撞击后不仅是撞击部位的变形损坏,大梁、悬架和发动机等部件也可能产生变形。有时,有些车辆前部受到撞击,经检测发现后部也发生了变形。遇到这种情况,如果在钣金维修中只是简单地修复被撞击部位,那么必定会给日后的行车安全埋下隐患。因此,车辆受损后要观察车身受损状况,弄清楚碰撞时车身如何受力,力是如何沿着车体传递的,对损伤部位和相关区域的部件进行深入分析,进行科学诊断,最终确定所有损伤部位。

如图5-2所示,检测过程中需要沿着碰撞路线,系统检查相关部件的所有损伤,直到没有任何损伤痕迹及周边区域的损坏为止。

图 5-2 确定受损部位

三、利用设备工具对受损部位进行测量

在事故车变形检测的过程中,只有经验丰富的钣金工才可能根据事故的大小和撞击的部位,准确分析车辆损伤程度,同时利用现代化的精密测量设备对车辆进行全面、严格地检测,将检测结果与底盘、车身尺寸数据图进行对比,为确定合理的修复方案做准备,如图5-3所示。

图 5-3 测量数据

从车身大梁定位参数方面来讲,各种车型的数据参数是整个修复工作的依据,测量、定位、拉伸和检测都是在数据参数的基础上开展的,没有车身大梁定位参数,就无法做好修复工作。因此,准确测量是顺利完成各种碰撞修复所必需的程序之一。

测量工作需要与拆卸工作结合起来进行，否则便无法准确鉴定全部损伤情况。为便于进行车身维修操作和彻底检验损伤，同时避免维修操作对被拆卸件造成不必要的损伤，要对有关部件进行拆卸。

1）拆卸的原则是尽量避免零件的损伤和毁坏，连接件的拆卸方法除用扳手外，还可以根据实际情况采用电钻、锯、錾和气割工具等。

2）拆检后的测量是"损伤诊断"和"修复"的必要前提，详细的损伤情况可通过车身尺寸图相对车身上具体点的测量估测出来。车身尺寸图中的数值是以对角线测量法为基础得出的。测量点和测量公差要通过对损伤区域的检查来确定。钣金工必须注意：

① 准确地进行测量。
② 多次测量。
③ 重新核实所有测量结果。

四、评估汽车车身材料、结构和焊接工艺

要选择妥当的钣金维修方式，就必须评估车身制造材料和车架焊接工艺。现代汽车与传统汽车在车身制造材料、车架焊接工艺上的差别，导致维修方式发生了变化。如传统的车架式车身主要由低碳钢或中碳钢制成，进行切割时应使用气动车身锯，如果使用氧-乙炔切割则会对车身造成较大的破坏。现代整体式车身构架通常用高强度钢或合金材料（如铝合金）制成，在结构零件修理中需使用 CO_2 保护焊、惰性气体保护焊或点焊机进行焊接。另外，钢板厚度的变化及车身材料合金成分的不同，在焊接方式和相关技术参数的选取上也会有所不同，这就需要事先熟悉车身材料，如图5-4所示。

图5-4　了解车身材料、结构和焊接工艺

▲你学会了吗?

1. 车身碰撞损伤程度如何确定？
2. 如何才能确定所有损伤部位？
3. 如何利用设备工具对受损部位进行测量？

第24天　车身碰撞修复工艺方案的制订

学习目标

1. 了解车身碰撞修复工艺方案的制订因素。
2. 掌握车身碰撞修复工艺方案的制订原则。
3. 熟悉车身碰撞修复工艺方案的应用。
4. 学会车身碰撞修复的操作方法。

基础知识

一、车身碰撞修复工艺方案的制订因素

1）针对直接受损部位、间接受损部位及惯性效应受损部位，确定具体的修复方式。

2）根据车身各部位材料的应用情况，确定需要采用的焊接工艺。

3）考虑在校正拉伸过程中如何使用辅助支撑定位，以确保顺利修复。

4）考虑在实施焊接换件作业中，如何对需更换部件进行准确定位，以免焊接完毕后再对所更换的部件位置进行校正。

二、车身碰撞修复工艺方案的制订原则

在确定维修方案时，要遵循两个基本原则：一是经济效益原则；二是维修质量原则。在车身修复过程中，首先要遵循降低成本提高经济效益的原则。但也不能唯经济效益是瞻，在追求经济效益的同时，还要确保维修质量。兼顾两方面的原则，综合考虑各方面的影响因素，具体如下。

1. 钣金件修换原则

损坏以弯曲变形（弹性变形）为主就应进行修复；损坏以折曲变形（塑性变形）为主就应进行更换。

1）弯曲变形，如图5-5所示。

① 损伤部位与非损伤部位的过渡平滑、连续，可以进行修复。

② 通过拉拔矫正可使部件恢复到事故前的形状，而不会留下永久性的变形，可以进行修复。

2）折曲变形，如图5-6所示。

① 弯曲变形剧烈，曲率半径很小，特别是在较小长度上弯曲90°以上的部件，必须更换。

② 矫正后，零件上仍有明显的裂纹和开裂，或者出现永久变形带，不经高温加热处理不能恢复到事故前的形状，必须更换。

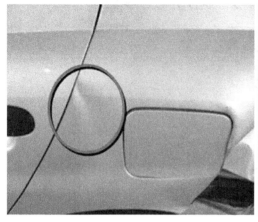 

图 5-5　弯曲变形　　　　　　　　　图 5-6　折曲变形

③ 如果损伤发生在平面内，则矫正工作可能比棱角处的严重起皱和折曲容易得多。几乎可以肯定，若在轮廓分明的棱角处发生了折曲变形，则只能采取更换的方法，如车门和车窗玻璃框的折曲，前者可以修复，但后者需要更换。

④ 如果损伤部位处于纵梁的端部附近，且压偏区未受到影响或变形的影响范围不大，通过拉拔可矫正，则可以修复；如果压偏区已出现折曲，并将碰撞力传递到后部，造成后部变形，则必须更换。

⑤ 如果损伤位置在发动机或转向器安装位置附近，则重复性载荷会造成疲劳破坏（重复振动力或应力会加重并产生二次变形）。如果这些安装位置发生折曲变形，则必须更换。

⑥ 严重冷作硬化造成的严重折叠起皱变形必须更换。

⑦ 如果只有一个未曾完全修复的轻微折曲变形，则应采取挖补法修复。

⑧ 如果已经更换某个配件的一部分，并决定将其连接的相邻部分也更换掉，且比较容易、费用也不高，则可以更换。

⑨ 将变形周围部分均矫正到适当尺寸后，若剩下折曲变形部分确实无法矫正好，且这部分形状复杂，无法采用挖补法修复的，则应更换该部件。

2. 塑料件修换原则

热塑性塑料件损伤以修复为主，热固性塑料件损伤则需更换。

1）查看 ISO 识别码，此码常在注塑时模压在塑料件上，通常需要拆下该零件，如图 5-7 所示。常标在注模号或零件码前。

2）常用汽车热塑性塑料件名称：AAS、ABS、ABS/PVC、PC、PE、PP、PS、TPUP、PVC 等，以上配件在不影响外观的情况下可以修复。

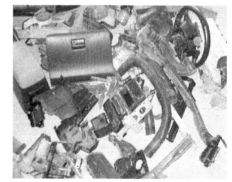

图 5-7　塑料件

3）常用汽车热固性塑料件名称：ABS/MAT、PA、PPO、PUR、SAN。

三、车身碰撞修复工艺方案的制订要求

维修方案的制订对钣金工的要求是多方面的。首先，钣金工应该受过系统的计算机辅助设计车架结构和计算机辅助设计车架对碰撞能量的吸收和传递等方面知识的培训，还应该掌握汽车机械、电子、电工等方面的知识。同时，还要掌握科学高效的技术管理知识。除此之外，钣金工对车辆碰撞损伤程度的确认、需要更换的部件、需要修理的部位、修理方式的确定、设备工具的选用，以及各种操作规范化等方面的知识都必须熟知，才能确保制订出最佳修复工艺，进而提高客户满意度。车身修复工艺方案的制订，如图5-8所示。

图5-8 车身修复工艺方案的制订

四、车身碰撞修复工艺方案的应用

1）车身发生严重损坏时，若车身整体损伤超过30%，或者底板严重变形，整体无法修复，则可按照车主需求进行整车车身的更换。在坏车上拆下全部可用的总成和零部件，对发动机等主要总成进行全面检查和修理。换用新的轿车车身总成和需要更换的全部零件，应按照原厂装配工艺重新予以装配。

2）车身发生碰撞时，如果损伤只发生在局部，如前后翼子板、车门、发动机舱盖或行李舱盖受到损伤时，可以进行车身局部更换，达到省事、省时和降低成本的目的。拆卸损坏后的车身钣金件，可视损坏程度的轻重和对修复零件的相关要求，决定是重新单独修复还是更换。

3）车身发生中度损坏，涉及车身底板变形，但无需全部更换车身时，应先进行车身底板校正和车身校正，再修复损坏的车身钣金件。车身底板校正全部完成，保证了车身底板的立体位置以及轿车车身的总体位置，确定了发动机总成和前悬架的安装位置，可恢复汽车车轮的定位角度及其他总成的定位。车身底板校正后，再进行车身钣金修理。

4）车身侧面严重损伤，使车身的一侧发生凹陷变形。碰撞力较大时，车身侧面变形可能由一侧传至车身底板，使车身底板发生严重变形，也可能传至顶盖，使顶盖发生变形，甚至从车身底板和顶盖传至另一侧，使车身侧面凸起，应以校正的方法使其恢复原来的形状。一侧门槛发生严重变形且涉及车身底板时，应使用牵引法牵引门槛。车身A柱和B柱均为高强度钢，一旦受损，必须更换车柱。支柱修复应依照切割尺寸把损坏后的一段支柱用锯割或气焊方法切割下来，进行相关部位的校正。如支柱损伤，则可能涉及车身顶盖和车身底板等部位的变形，首先应使大面积部位的变形恢复，然后才能换接上一段规则且形状完全相同的支柱。

> **实际操作**

一、拉伸校正

1. 拉拔操作

1）将车驾驶或装载到校正仪上,如图5-9所示。

2）固定车身位置,合拢所有卡钳。

3）选取正确拉拔位置。

4）进行测量,这是车身修理中不可缺少的重要环节,不仅在诊断过程中需要测量,修复过程中也需要进行测量。

2. 拉伸校正的方法

图5-9 拉拔准备

拉伸过程中要注意方法和程序。拉伸时,每次拉伸一点,然后松开链条,卸力、测量。首先拉拔第一碰撞方向,即车身最初受撞击的方向。该方向的变形被拉拔修复后,其他方向的变形就很容易拉拔了。

<u>注意:由于高强度的整体式车身在加热时很敏感,不要试图一步就完成校正拉伸。一般应遵循拉伸—保持平衡—再拉伸—再保持平衡的流程,循环往复。在预先确定的部位上施加拉力,使损坏的钢板慢慢地恢复尺寸和形状,完全消除弯曲钢板的应力,就可以实现准确的车身修理。</u>

二、焊接修复

焊接时,焊缝必须尽可能小。焊缝越大,连接处的牢固性就越低。如图5-10所示,点焊时,待结合的板材凸出部分结合时应尽可能无间隙。间隙越大,连接的牢固性就越低。焊点之间的最小距离为25mm。

图5-10 焊接修复

三、车身表面修整

车身修整方法可分为拉环修整法和敲击修整法两种。

1. 拉环修整法

如图5-11所示,拉环修整法即根据钣金件受损部位的大小焊上一定数量的垫圈拉环,然后将钢丝绳穿入垫圈拉环中,再用人力或机械牵引钢丝,通过垫圈拉环使钣金件受损部位受力向外牵引,最后使其恢复到原来的位置和形状。对于较大面积的变形、双层结构的钣金件、不易拉近的部位、转角过渡处和车门立柱等,采用拉环修整法修理更加方便。

2. 敲击修整法

如图5-12所示,敲击修整法是一种传统的修复方法。钣金工可以对损伤表面进行加热,消除该区域的应力,然后将扭曲的金属板敲击平顺。敲击应注意以下事项:

图 5-11　拉环修整法

图 5-12　敲击修整法

1) 车身结构件或安全件不允许被加热，否则金属性能会被破坏。
2) 钣金工必须具有很高的技术和经验。
3) 必须尽可能地将钣金件表面修复平整，不能完全依靠腻子层填补。

四、清洁和装配

钣金工必须清除焊渣和遗胶，并清洁车身表面。对于裸露的金属表面，必须在其上喷涂防腐蚀材料，如图 5-13 所示。

车身修复工作结束后，需要进行装配。将经过修整的车身和局部附件，需更换的部件和拆卸件，按原车的要求进行总装。装复后，还需要对车辆进行调试或试车，对于发生严重碰撞的车辆，务必进行四轮定位。做四轮定位就是通过四轮定位仪，检测出被测车辆的各轮倾角和束值是否符合原厂标准，如不符合则可在机器上进行调整。只有车辆的定位数据准确，车辆的操控性和稳定性才可能达到最佳状

图 5-13　清洁和装配

态，轮胎的使用寿命也才可能达到最长。通过四轮定位检查，如果发现某些数据不符合标准规定，则还要进行调试检测，直到所有参数和数据都在标准范围内为止。主管应检查修理质量，然后将车身转交喷漆车间。

你学会了吗?

1. 车身碰撞修复工艺方案的制订有哪些因素?
2. 车身碰撞修复工艺方案的制订原则是什么?
3. 车身碰撞修复工艺方案的制订要求有哪些?
4. 拉伸校正的方法是什么?
5. 车身表面修整的方法是什么?

第六章

四轮定位必知必会

第25天　四轮定位参数及其调整方法

学习目标

1. 了解四轮定位参数的定义。
2. 了解四轮定位参数的作用和特点。
3. 掌握四轮定位参数的调整方法。

基础知识

一、四轮定位参数

四轮定位的主要目的是确保车轮滚动中不发生异常磨损、拖行、滑行等现象。悬架与驾驶系统的调整主要围绕八个控制角的精确调整进行：前轮前束、主销后倾角、车轮外倾角、主销内倾角、内外倾总角、前轮后移、车轮转向偏差角和推进角。

1. 前轮前束

前轮前束指左右两前轮前端水平距离与后端水平距离之差，如图6-1所示。当 B 小于 A 时，叫作前轮正前束；当 B 大于 A 时，叫作前轮负前束。前轮前束的调整要确保汽车行驶的直线性，不正确的前束角会导致轮胎的过度磨损。

2. 主销后倾角

主销后倾角指主销的顶部向后或向前倾斜一个角度。向后倾斜为正后倾，向前倾斜为负后倾。主销后倾角是在纵向平面内，

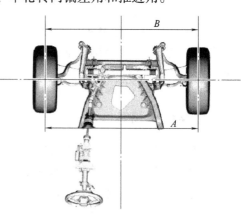

图6-1　前轮前束

主销中心线与过车轮中心的实际垂线之间的夹角γ，如图6-2所示。

主销后倾角有助于汽车保持直线行驶，并在转向后使车轮自动回正。不合适的主销后倾角会降低汽车操纵稳定性，但不会加速轮胎磨损。

3. 车轮外倾角

如图6-3所示，车轮外倾角是汽车正视图上车轮相对于垂直面向外（或向内）倾斜的夹角，正外倾是正视图中车轮上端向外，负外倾是车轮上端向内。合适的外倾角使转向时的车轮运动轨迹中心点位于轮胎中心，这使转向省力，不合适的外倾角会导致轮胎内外侧的加速磨损及转向困难。

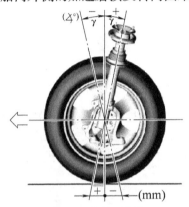

图6-2 主销后倾角

图6-3 车轮外倾角

4. 主销内倾角

主销内倾角指在横向平面内，主销上端向内倾斜一个角度。主销内倾角是在横向平面内，主销中心线与实际垂线之间的夹角。该角度是不能调整的，如图6-4所示。主销内倾角可防止前轮外倾角过大；减小转向阻力臂，使转向轻便；提高操纵稳定性；减少轮胎磨损；提高方向稳定性；使汽车重量的分配更接近轮胎与路面的接触区。

5. 内外倾总角

内外倾总角指车轮外倾角与主销内倾角之和，如图6-5所示。主销与车轮外倾线的交点应该位于轮胎的中心，即轮胎与地面的接触点，不正确的角度会导致轮胎异常磨损及汽车操纵困难。

图6-4 主销内倾角

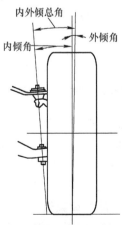

图6-5 内外倾总角

6. 前轮后移

前轮后移指某一前轮相对于另一前轮位置后移，如图 6-6 所示。过大的前轮后移量会导致汽车偏向前轮后移的一侧。

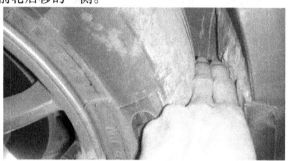

图 6-6　前轮后移

7. 车轮转向偏差角

车轮转向偏差角是弯道内侧车轮比弯道外侧车轮多偏转的角度。车轮转向偏差角在转向角为 20° 时测量得到，如图 6-7 所示。它必须在右转和左转时大小相同。

车轮转向偏差角的功能是使外侧车轮有更大的转弯半径，其错误变化会加速轮胎磨损。

8. 推进角

推进角是汽车行驶方向（即推进线）与汽车中轴线的夹角，如图 6-8 所示。若推进线与中轴线不重合，则汽车不能沿中轴线行驶。

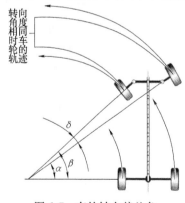

图 6-7　车轮转向偏差角

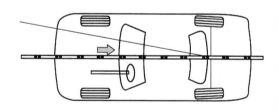

图 6-8　推进角

二、四轮定位参数调整方法

1. 调整后轮外倾角

后车轮外倾角不正确的原因可能与偶然事故有关，可视车型选择调整方法，有的可使用增减垫片的方法，有的可用旋转偏心轮的方法。调整后轮外倾角位置，如图 6-9 所示。

2. 调整后轮前束值

调整后轮前束也可调节推进角，通常用下控制臂上的偏心轮来调整后轮前束，也

 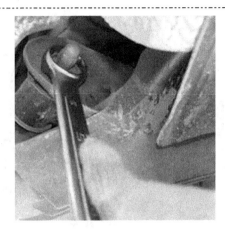

图6-9 调整后轮外倾角位置　　　　图6-10 调整后轮前束值位置

可用可调节的横拉杆接头调节，还可通过加减或更换垫片来调节。调整后轮前束值位置，如图6-10所示。

3. 调整主销后倾、内倾和前轮外倾

主销内倾角是由转向节决定的，通常没有直接调整的部位。若主销内倾角误差过大，则可校正或更换转向节。主销后倾角是前轴、悬架和车架装配在一起时，使前轴向后倾斜或依靠钢板弹簧座间加装楔形垫块形成的，通常可以调整。前轮与转向节是通过螺栓连接的，通常也可以调整。针对不同车型，一般可以采用以下方法来调整主销后倾角和前轮外倾角。

（1）增、减垫片调整

许多车型利用垫片来调整主销后倾角和车轮外倾角。可以在车架内侧和控制臂销轴之间放置调整垫片，调整主销后倾角和车轮外倾角时，都需要同时拧松垫片螺栓。通过在销轴一端增、减垫片就可以调整主销后倾角，然后在前、后螺栓增加或减少等量垫片来调整车轮外倾角，这样不会影响调整好的主销后倾角。

（2）偏心螺栓和凸轮调整

利用位于上控制臂和下控制臂内侧的偏心螺栓和凸轮也可进行调节。有些车型在转向节和上控制臂之间有一个车轮外倾角调整偏心螺栓，可通过旋转该偏心螺栓来调整车轮外倾角，如图6-11所示。

（3）底盘副车架的固定螺栓调整

有些车型调整车轮外倾角时，需要将底盘的副车架固定螺栓松开，用撬棍使副车架的位置发生变化，进而带动悬架位置的变化以改变外倾角值，如图6-12所示。

4. 调整前轮前束

如图6-13所示，调整前轮前束，具体操作方法如下：

1）拧松横拉杆上的锁紧螺母防尘套卡，松开锁紧螺母。

2）旋转横拉杆，通过改变横拉杆长度来调整前轮前束值，将前轮前束值调到规定范围内。

3）拧紧锁紧螺母，装好防尘套卡。

图 6-11　调整偏心螺栓

图 6-12　调整副车架的固定螺栓

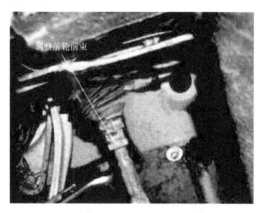
图 6-13　调整前轮前束

 你学会了吗?

1. 四轮定位的参数的定义是什么？
2. 四轮定位的参数的作用是什么？
3. 四轮定位的参数不正确的后果是什么？
4. 四轮定位参数调整位置在哪里？

第 26 天　四轮定位仪的操作方法

 学习目标

1. 熟悉四轮定位仪的组成部件。
2. 学会四轮定位仪的使用方法。
3. 掌握四轮定位参数的调整过程。

一、认识四轮定位仪

四轮定位仪是用于检测汽车四轮主要定位参数并进行调整的仪器。它将测量到的汽车车轮定位参数与原厂设计参数进行对比,判断其是否符合原厂设计要求,以使汽车操纵轻便、行驶稳定可靠,并减少轮胎偏磨损。

以3D四轮定位仪为例,它由四轮定位仪主机(计算机、显示器、打印机)、照相机、目标靶、主机信号线、专用夹具、立柱、转盘、转向盘固定架、制动踏板固定架等组成,如图6-14所示。

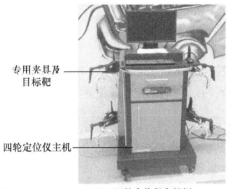
四轮定位仪主机柜

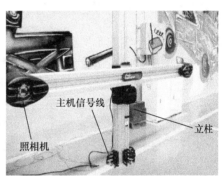
四轮定位仪照相机及附件

图6-14 四轮定位仪

二、四轮定位仪的使用方法

1)将车辆驶入四轮定位仪前确保转盘定位销锁定。

2)如图6-15所示,将车辆驶入四轮定位仪,驾驶时要确保前轮放在转盘正中,后轮置于滑板上。拉紧驻车制动器,在后轮前后放置防滑器。

3)如图6-16所示,将四个专用夹具及目标靶装到轮毂上,检查是否安装牢固。专用夹具可由内向外卡,也可将星形卡爪反过来由外向内卡。

图6-15 驾驶车辆驶入四轮定位仪

4)如图6-17所示,启动计算机,打开Windows程序。几秒钟后,显示系统完成初始化过程,Windows初始菜单出现。在其中选择运行四轮定位测量程序,即显示主菜单。

5)如图6-18所示,根据主菜单填写信息,包括输入登记表格,选择车型和偏位补偿。输入登记表格:一般按照车牌号或维修单编号来输入相应条目,以便将来调取。填完表格后进入车型选择界面。

图 6-16 安装专用夹具及目标靶

安装专用夹具及目标靶

6）选择所测车辆的车型选项。

7）进入测量程序，四轮定位 3D 照相机会透过箭头提示操作向后，如图 6-19 所示。同时这台照相机可以随机械臂自动升降，以寻找最佳测量位置，直到计算机上的图标显示绿色为止，如图 6-20 所示。

图 6-17 启动计算机

图 6-18 填写信息

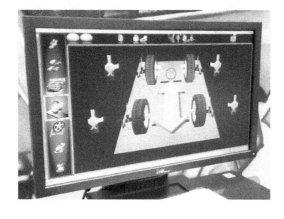

图 6-19 提示操作向后

图 6-20 机械臂自动升降

8）进入四轮定位引导程序界面，固定制动踏板固定架、拔掉转盘定位销、确认转向盘位置画面，如图6-21所示。

9）安装制动踏板固定架。

图6-21　四轮定位引导程序界面

10）拔掉转盘定位销。

11）确认转向盘位置并安装转向盘固定架。

12）如图6-22所示，进入检测数据界面，将数据调到规定要求即可（显示界面上被调数据变绿，且位于中间）。

13）如图6-23所示，车辆检测调整完毕后应打印检测报告，然后退出车辆定位程序，关闭计算机电源。

14）拆下四个专用夹具及目标靶。

15）顶起车辆前后轮，锁好转盘和滑板的锁止销（图6-24），再将车辆驶离四轮定位台。注意：如不锁好转盘和滑板的锁止销就将车辆驶离四轮定位台，则容易损坏转盘。

图6-22　检测数据界面

调整前束值

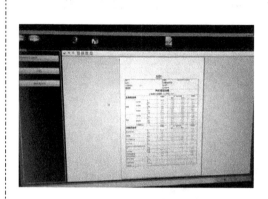

图 6-23 打印检测报告

图 6-24 锁好转盘和滑板的锁止销

 实际操作

一、后轴调整

调整主销后倾角、主销内倾角、推进角等，如图 6-25 所示。

图 6-25 后轴调整

二、前轴调整

1）调整前轮画面显示的是与前轴有关的所有角度，允许误差内的值会显示为绿色，允许误差外的值会显示为红色，如图 6-26 所示。

2）前轴调整操作，如图 6-27 所示。

① 调整主销后倾角到正确值，后倾角调整好后必须进行重新确认。

② 通过调整横拉杆即可对前束值进行调整。

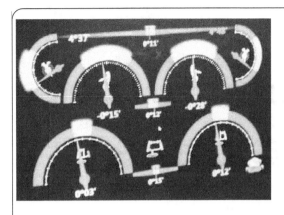

图 6-26 前轴调整前数据

图 6-27 前轴调整操作

你学会了吗?

1. 四轮定位仪的作用是什么?
2. 四轮定位仪的组成是什么?
3. 四轮定位仪的使用方法是什么?
4. 前轴数据如何调整?
5. 后轴数据如何调整?

第七章

车身构件拆装必知必会

第 27 天　车门构件的更换与调整

  学习目标

1. 了解车门构件基本知识。
2. 熟悉车门的拆装与调整流程。
3. 熟悉车门锁门的更换流程。

  基础知识

一、车门类型

车门是车身的重要组成部件，按其开启方式大致可分为上掀式、顺开式、逆开式、水平滑移式、折叠式和外摆式六种，如图 7-1 所示。

a) 上掀式、顺开式、逆开式车门　　　　b) 水平滑移式车门

图 7-1　车门类型

c) 折叠式车门

d) 外摆式车门

图7-1 车门类型（续）

二、车门的组成

以凯美瑞轿车为例，其车门主要由壳体、附件和内饰盖板组成，它们合拢后会形成一个腔体，如图7-2所示。

车门壳体由厚度为0.8~1.0mm的薄钢板冲压、组焊而成。通常将窗台以上部分称为窗框，窗框内有用于固定车门玻璃和导向玻璃升降的密封条。窗台以下的腔体内可以布置一些加强肋、加强板和功能附件，如门锁机构、门铰链、门限位器、玻璃升降机构等。

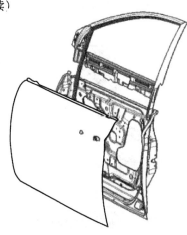

图7-2 凯美瑞车门结构

实际操作

一、车门的拆装

1. 前车门的拆装流程

1）脱开后视镜内饰件的两个卡扣并拆下后视镜内饰件，如图7-3所示。
2）用顶部缠有保护带的旋具，脱开三个定位爪，并拆下内把手饰盖，如图7-4所示。

图7-3 拆卸后视镜内饰件

图7-4 拆卸内把手饰盖

3）用缠有保护带的旋具小心撬开六个定位爪，然后拆下辅助把手盖，如图7-5所示。

4）用旋具拆卸三个螺钉，然后用卡扣拆卸专用工具撬开九个卡扣，如图7-6所示。

5）如图7-7所示，按箭头所指方向拉出前门饰板，然后抬起前门饰板并撬开四个定位爪，最后将连接线插头拔下即可拆下前门饰板。

6）重新连接电动车窗主开关总成并移动前门玻璃，以便看到车门玻璃螺栓，然后将其拆下并小心取出前门玻璃，如图7-8所示。

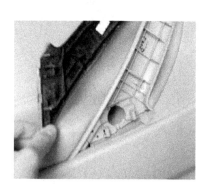
图7-5 拆卸车门辅助把手盖

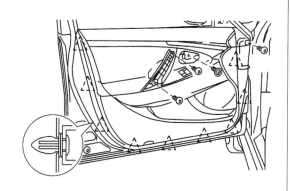
图7-6 拆卸门饰板紧固螺钉和卡扣

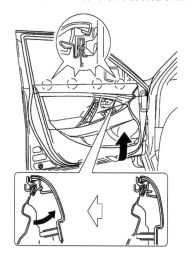
图7-7 拆下前门饰板

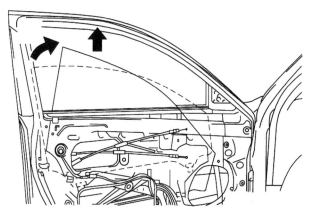
图7-8 拆卸前门玻璃

7）如图7-9所示，拆卸五个紧固螺栓，然后作为一个整体拆下前门电动车窗电动机总成。

8）如图7-10所示，拆卸前门密封条及其他相关部件。

9）如图7-11所示，拧下前门开度限位器总成的三个紧固螺栓后，即可将前门开度限位器总成取下，然后拆下前车门。

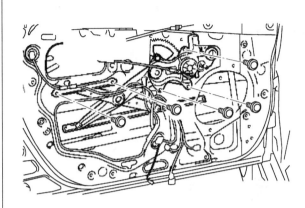
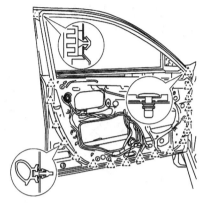

图7-9 拆卸前门电动车窗电动机总成　　图7-10 拆卸前门密封条

10）前门的安装与拆卸顺序相反，装复后注意将前门调整到合适位置，如图7-12所示。具体调整方法如下：

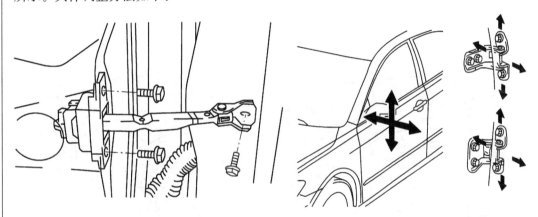

图7-11 拆下前门开度限位器总成　　图7-12 调整前门位置

① 按门偏离门框的情况，确定调整方向，据此判断应该松开的螺栓。
② 螺栓松开后，用千斤顶或撬棒使车门移动。
③ 将车门移动至适当位置，检验门与门框的配合是否处于理想状态，拧紧螺栓。
④ 移动车门槛板螺栓，检查车门与门框的相对位置，确保车门关闭可靠。
⑤ 有些还要将车门向里或向外调整，以保证车门与车身面板平齐，使车门保持良好的密封性。

11）调整完成后要根据门边的间隙要求对前门进行验收，如图7-13所示。

2. 后车门的拆装流程

1）如图7-14所示，用缠有保护带的旋具撬开三个定位爪，并拆下后门内把手饰盖。
2）如图7-15所示，用缠有保护带的旋具小心撬开六个定位爪，然后拆下辅助把手盖。
3）如图7-16所示，用旋具拆卸三个螺钉，然后用卡扣拆卸专用工具撬开七个卡扣。
4）如图7-17所示，抬起后门饰板并撬开四个定位爪，最后将连接线插头拔下即可拆下后门饰板。

5）重新连接电动窗调节器开关总成并移动后门玻璃，以便看到车门玻璃螺栓，然后将其拆下并小心取出后门玻璃，如图 7-18 所示。

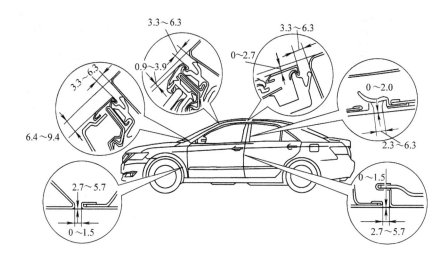

图 7-13　前门安装验收

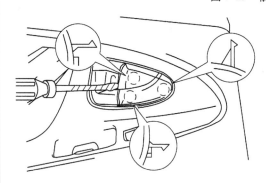

图 7-14　拆卸后门内把手饰盖

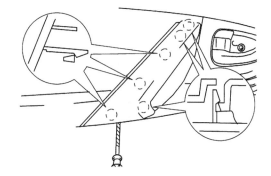

图 7-15　拆卸后车门辅助把手盖

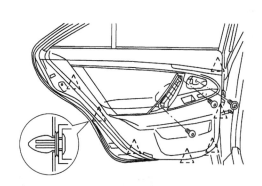

图 7-16　拆下后门饰板螺钉和卡扣

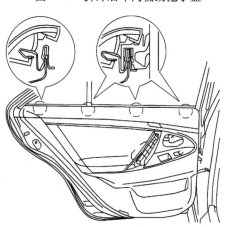

图 7-17　撬开四个定位爪

6）拆卸三个紧固螺栓，然后作为一个整体拆下后门电动车窗电动机总成，如图7-19所示。

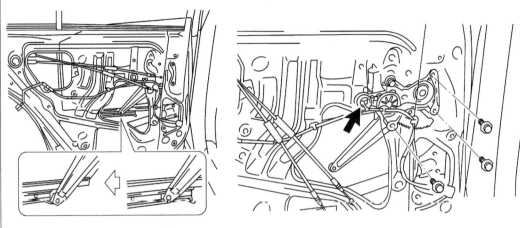

图7-18　拆卸后门玻璃　　　　　图7-19　拆卸后门电动车窗电动机总成

7）拆卸后门密封条及其他相关部件，如图7-20所示。

8）如图7-21所示，拆下后门开度限位器总成的三个紧固螺栓后，即可将后门开度限位器总成和后车门拆下。

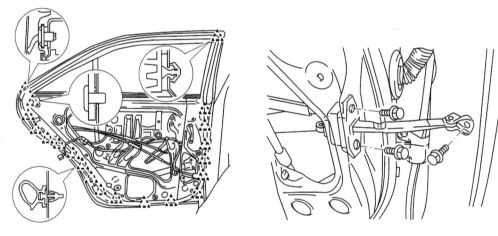

图7-20　拆卸后门密封条　　　　　图7-21　拆卸后门开度限位器总成

9）后门的安装与拆卸顺序相反，装复后注意将后门调整到合适位置，如图7-22所示。具体调整方法如下：

① 按门偏离门框的情况，确定调整方向，据此判断应该松开哪个螺栓。

② 螺栓松开后，用千斤顶或撬棒使车门移动。

③ 将车门移动至适当位置，当门与门框的配合处于理想状态时，拧紧螺栓。

④ 移动车门槛板螺栓，检查车门与门框的相对位置，确保车门关闭可靠。

10）调整完成后要根据门边的间隙要求对后门进行验收，如图7-23所示。

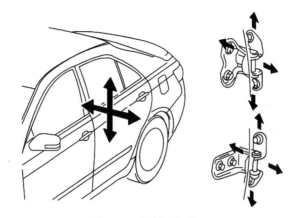

图 7-22 调整后门位置

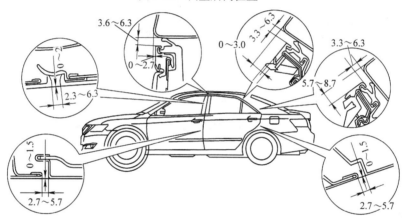

图 7-23 后门安装验收

二、车门锁闩的更换

1. 车门锁闩概述

车门锁闩结构包括车门锁闩总成、门锁开启杆、门锁遥控拉索总成及门内侧锁止拉索总成，如图 7-24 所示。

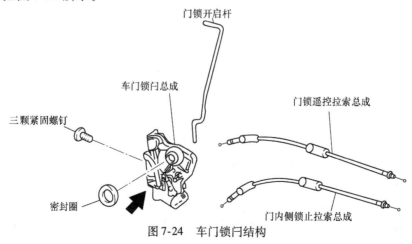

图 7-24 车门锁闩结构

2. 车门锁闩的更换流程

1）如图 7-25 所示，用旋具撬开车门内侧拉手螺钉帽，然后拧下螺钉。

2）如图 7-26 所示，先拆卸车门内饰板的附件，然后拆下车门内饰板。

图 7-25　拆下车门内侧拉手　　　　　图 7-26　拆下车门内饰板

3）用旋具拆下门边的三颗紧固螺钉，如图 7-27 所示。

4）拆下车门锁闩侧边紧固螺钉，然后拆下连接插头、门锁开启杆，并取出车门锁闩总成，如图 7-28 所示。

 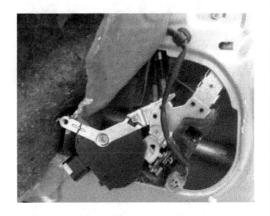

图 7-27　拆卸三颗紧固螺钉　　　　　图 7-28　车门锁闩总成

5）按照相反的顺序安装车门锁闩及其他部件，如图 7-29 所示。

6）检查车门锁闩确保其工作正常，如图 7-30 所示。

图 7-29　安装车门锁闩及其他部件　　　图 7-30　检查车门锁闩

你学会了吗？

1. 车门主要有哪些类型？
2. 车门的组成部件主要有哪些？
3. 如何拆装车门？
4. 车门锁闩由哪些部件组成？
5. 如何更换车门锁闩？

第28天　保险杠的更换与调整

学习目标

1. 了解保险杠的作用。
2. 熟悉保险杠的结构。
3. 学会前保险杠的更换与调整方法。
4. 学会后保险杠的更换与调整方法。

基础知识

一、保险杠的作用

1）从安全角度看，汽车发生碰撞事故时，保险杠能起到缓冲作用，保护前后车体。

2）从外观角度看，保险杠可以很自然地与车体结合在一起，达成浑然一体的视觉效果，具有装饰作用。

二、保险杠的结构

目前，常见的轿车前后保险杠一般由塑料保险杠壳体、吸能缓冲材料、加强横梁和左右两个吸能支架，以及其他安装用部件组成，如图7-31所示。

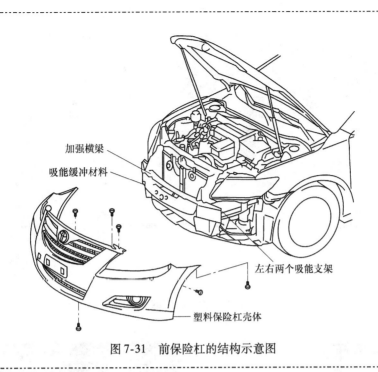

图 7-31 前保险杠的结构示意图

实际操作

一、前保险杠的更换调整

（1）前保险杠的拆卸
1）从前保险杠上拆下所有规定螺钉、卡扣和散热器护栅保护装置。
2）脱开前保险杠左右两侧的定位爪，然后拆开前保险杠。
3）断开前保险杠上的每个插接器，然后取下前保险杠。
4）从保险杠上拆下雾灯总成。
5）从保险杠上拆下散热器下护栅。

（2）前保险杠的安装
1）如图 7-32 所示，将新的前保险杠左右两侧的定位爪对准安装孔和螺栓孔，然后用螺钉和卡扣将前保险杠拧紧。
2）将雾灯总成的插接器连接好，然后将雾灯总成安装在前保险杠的雾灯安装孔上。
3）安装好散热器下护栅。

二、后保险杠的更换与调整

1）如图 7-33 所示，小心地拆下后尾灯。
2）如图 7-34 所示，拆下防护盖，然后拆下固定后保险杠的卡夹、螺钉与螺栓，最后取下后保险杠。

图 7-32 前保险杠的安装

图 7-33 拆下后尾灯

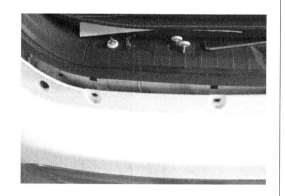

图 7-34 拆卸后保险杠

3）如图 7-35 所示，在轮罩拱部用侧垫片固定保险杠，然后钩上卡钩，最后安装后保险杠角部传感器线束插头。

图 7-35 安装后保险杠

你学会了吗?

1. 保险杠的作用有哪些?
2. 轿车保险杠由哪些部件组成?
3. 如何更换和调整前保险杠?
4. 如何更换和调整后保险杠?

第29天 车身前部翼子板的更换

 学习目标

1. 掌握车身左前部翼子板的更换方法。
2. 掌握车身右前部翼子板的更换方法。

 实际操作

一、车身左前部翼子板的更换

1)如图7-36所示,用专用工具拆下卡扣,然后拆下发动机舱盖边缘饰件。
2)如图7-37所示,用专用工具拆下左前部翼子板上部的紧固螺栓。

图7-36 拆卸卡扣

图7-37 拆卸上部的紧固螺栓

3)打开左前门,在缝隙中用专用工具拆下左前部翼子板门边紧固螺栓,如图7-38所示。
4)如图7-39所示,拆下左前部翼子板内衬紧固螺栓,然后将翼子板拆开。
5)首先将侧裙板拆下,然后拆下左前部翼子板下边的两颗紧固螺栓,如图7-40所示。
6)如图7-41所示,小心地拆下左前部翼子板,避免将车身漆膜刮花。

图7-38 拆卸门边紧固螺栓

图7-39 拆卸翼子板内衬紧固螺栓

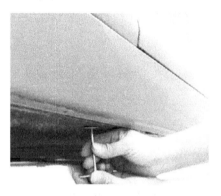
图7-40 拆卸下边的紧固螺栓

图7-41 拆卸左前部翼子板

7）安装左前部翼子板。安装顺序与拆卸顺序相反，如图7-42所示。

图7-42 安装左前部翼子板

二、车身右前部翼子板的更换

1）右前部翼子板的拆卸顺序与左前部翼子板一致。

2）将右前部翼子板的安装孔与螺栓孔对准，然后拧上螺栓，最后将所有的螺栓用"T"字形扳手拧紧，如图7-43所示。

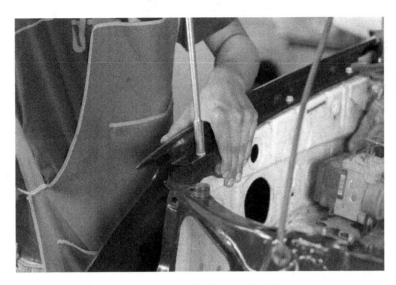

图 7-43　拧紧翼子板的安装螺栓

3）将拆卸的部件全部安装好，然后进行验收检查，如图 7-44 所示。

图 7-44　验收检查

你学会了吗?

1. 如何更换车身左前部翼子板？
2. 如何更换车身右前部翼子板？

第30天　车身玻璃的更换

学习目标

1. 掌握前风窗玻璃的更换方法。
2. 掌握后风窗玻璃的更换方法。

实际操作

一、前风窗玻璃的更换

1）如图7-45所示，首先在仪表台上覆盖橡胶垫，避免玻璃碎片掉到驾驶室内刮花仪表台。

2）如图7-46所示，将前风窗玻璃排水槽拆下，便于安装前风窗玻璃。

图7-45　仪表台防护

图7-46　拆卸前风窗玻璃排水槽

3）如图7-47所示，从前风窗玻璃上缘拆下定型件，必要时使用多功能小刀将定型件切断。

4）如图7-48所示，向下拉车顶内衬的前部。注意不要过度弯折车顶内衬，否则会使其形成折痕或折断。

5）如图7-49所示，沿仪表板和前风窗玻璃四周贴护胶带。用锥子从车辆内侧，在前风窗玻璃的角部穿过橡胶嵌条、粘贴胶带和仪表板密封件。钻一个小孔，将高强度钢丝穿过小孔，并将其两端分别绕在木棒上。

6）由一名助手在外侧，将高强度钢丝来回拉动（类似拉锯动作）。使高强度钢丝尽可能

图7-47 切开前风窗玻璃定型件

图7-48 拆卸车顶内衬

靠近风窗玻璃,以防损坏车身与仪表板。在整个前风窗玻璃四周小心地切割橡胶嵌条和黏结剂。最后小心地将前风窗玻璃取下,如图7-50所示。

图7-49 在前风窗玻璃四周贴护胶带

图7-50 取下前风窗玻璃

7)如图7-51所示,用小刀将前风窗玻璃框口边缘黏结表面上原有的黏结剂刮平约2mm厚度。注意不要刮伤车身的漆层表面,损坏的漆层会妨碍黏结。

8)如图7-52所示,用一块浸有乙醇的抹布清洁车身黏结表面。清理后,不要让框口表面沾机油、油脂及水等。

9)将新的雨水传感器罩基座安装到前风窗玻璃内表面上,如图7-53所示。

10)如图7-54所示,用胶带将橡胶嵌条、上卡夹与仪表板密封件黏结到前风窗玻璃的内表面。然后将前风窗玻璃放置在开口部位,并进行校中。确保两个上卡夹、销接触车身孔边缘,但不要触摸前风窗玻璃上要涂抹黏结剂的部位。

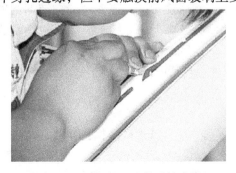
图7-51 清理框口边缘黏结表面

图7-52 用乙醇清洁框口

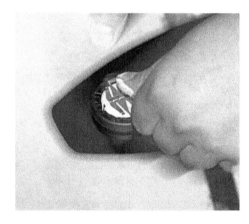
图 7-53 安装新的雨水传感器罩基座

图 7-54 前风窗玻璃校中

11) 在橡胶嵌条和定型件之间的前风窗玻璃周围涂出一条黏结剂带,如图 7-55 所示。

12) 如图 7-56 所示,用吸盘吸住前风窗玻璃,将其移至并保持在待安装的窗框口外,将其与校中做的定位标记对准,然后放到黏结剂上。轻轻按压前风窗玻璃,直到其边缘同黏结剂完全黏结。

图 7-55 涂抹黏结剂

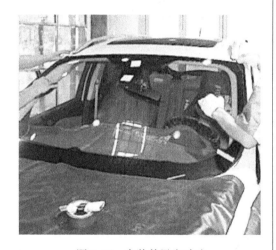
图 7-56 安装前风窗玻璃

13) 约 1h 后,待黏结剂干燥后清理保护带,然后使用抹布将多余的黏结剂刮掉或擦去,如图 7-57 所示。为了除去漆层表面或前风窗玻璃上的黏结剂,需要使用浸蘸乙醇的柔软抹布进行擦拭。

14) 如图 7-58 所示,重新安装其他相关部件,包括前风窗玻璃排水槽等。

二、后风窗玻璃的更换

1) 如图 7-59 所示,首先给后排座椅覆盖棉垫,避免玻璃碎片掉到驾驶室内。

2) 断开车窗天线插头与后车窗除雾器插头,然后从后风窗玻璃上缘拆下定型件,必要时用多功能小刀将定型件切断。最后拆下后风窗玻璃,如图 7-60 所示。

图7-57 清理保护带及多余黏结剂

图7-58 安装其他相关部件

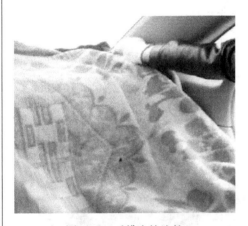
图7-59 后排座椅防护

图7-60 拆卸后风窗玻璃

3）如图7-61所示，拆下损坏的橡胶嵌条，安装时更换新件。

4）如图7-62所示，用小刀将后风窗玻璃框口边缘黏结表面上的玻璃及其他杂质清除。

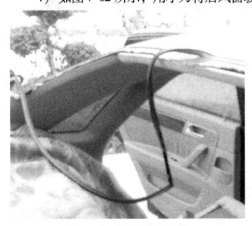
图7-61 拆卸橡胶嵌条

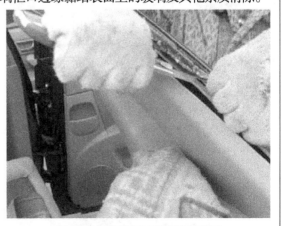
图7-62 清理框口边缘黏结表面

5）如图 7-63 所示，安装新橡胶嵌条到后风窗玻璃内表面，确保密封良好。

6）如图 7-64 所示，用小刀将后风窗玻璃框口边缘黏结表面上原有的黏结剂刮平约 2mm 厚度。

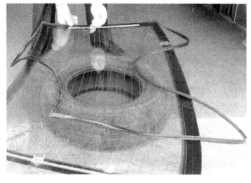
图 7-63　安装新橡胶嵌条

图 7-64　刮平黏结剂

7）如图 7-65 所示，用一块浸有乙醇的抹布清洁车身黏结表面。清理后，不要让框口表面沾机油、油脂及水等。

8）将后风窗玻璃放置在框口内，并进行校中，如图 7-66 所示。用油彩笔在后风窗玻璃与车身上做四点对正标记，确保两个上卡夹的销与车身孔边缘接触。不要触摸后风窗玻璃上要涂抹黏结剂的部位。

图 7-65　用乙醇清洁车身黏结表面

图 7-66　后风窗玻璃校中

9）在橡胶嵌条和定型件之间的后风窗玻璃周围涂出一条黏结剂带，如图 7-67 所示。

10）用吸盘吸住后风窗玻璃，将其移到待安装的窗框口外，并与校中时所做的定位标记对准，然后放到黏结剂上。轻轻按压后风窗玻璃，直到其边缘同黏结剂完全黏结，如图 7-68 所示。

11）约 1h 后，待黏结剂干燥后用抹布将多余的黏结剂刮掉或擦去。为除去漆层表面或后风窗玻璃上的黏结剂，需要使用浸蘸乙醇的柔软抹布进行擦拭，如图 7-69 所示。最后将车窗天线插头与后风窗除雾器插头连接好即完成安装。

图 7-67 涂抹黏结剂

图 7-68 安装后风窗玻璃

图 7-69 清理多余黏结剂并连接相关插头

  ▲你学会了吗？

1. 前风窗玻璃如何更换？
2. 后风窗玻璃如何更换？

第 31 天　车架的更换

  ▲学习目标

1. 了解副车架的更换方法。
2. 掌握前纵梁的更换方法。

  ▲实际操作

一、副车架的更换

1）如图 7-70 所示，举升车辆，准备更换副车架。

2）如图7-71所示，拆卸轮胎及其他部件，如副车架安装部件。

3）从车辆底盘上拆下副车架总成，如图7-72所示。

4）如图7-73所示，将旧副车架的相关部件拆下，然后安装到新副车架上。最后按照与拆卸相反的顺序安装新副车架到底盘上。

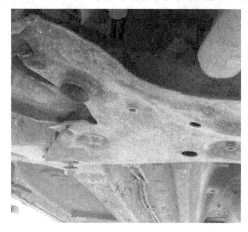

图7-70　举升车辆

图7-71　拆卸轮胎及其他部件

图7-72　拆卸副车架总成

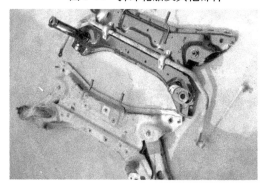

图7-73　安装副车架

二、前纵梁的更换

1）确定前纵梁长度，如图7-74所示。

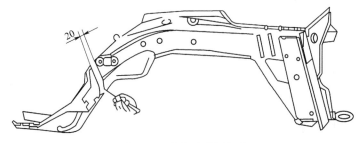

图7-74　确定前纵梁长度

① 确定前纵梁更换的长度并划切除线。
② 用砂轮或平头钻除去应切割部分的前纵梁和翼子板连接的焊点。
③ 截去纵梁的损坏部分。
④ 对换上的新前纵梁，按旧前纵梁截去的长度，预留 20mm 焊接长度，截去多余部分。

2）如图 7-75 所示，对前纵梁焊接处进行清洁除锈处理，并在前纵梁对接处用相同厚度的钢板制作一个加强板，覆盖在上面以提高纵梁的强度。

3）如图 7-76 所示，对前纵梁在车身中进行正确定位，然后用点焊法焊接前纵梁和翼子板。

4）如图 7-77 所示，对前纵梁焊接处进行修整。用胶枪涂完密封胶后，再用刷子将密封胶涂抹平整即完成防腐处理。

图 7-75 对前纵梁焊接处进行清洁除锈处理

图 7-76 前纵梁定位及焊接

图 7-77 防腐处理

你学会了吗?

1. 如何更换副车架？
2. 如何更换前纵梁？

第八章

钣金件切割与拆解必知必会

第 32 天　钣金件的切割

1. 熟悉钣金件切割部位的选择方法。
2. 掌握钣金件切割方法。

一、钣金件切割部位的选择

车身结构性钣金件与整体式车身焊接在一起，从散热器支架到后端是一个整体框架，拆卸这类钣金件时需要进行切割。切割车身结构性钣金件时，应充分了解各构件的性能，不可切割涉及防碰撞缓冲区域、汽车性能区域及关键性尺寸控制区域的钣金件，这是钣金件切割应遵守的统一原则。具体切割部位的选择如下：

1）切割部位尽可能选择在构件与构件之间的接合处。
2）对承载式轿车而言，切割部位必须避开车身设置的挤压区（如发动机舱和行李舱等）、悬架安装位置、尺寸参照基准孔、发动机和传动系统安装位置等。
3）切割部位避开构件加强板支撑点，如加强肋板等。
4）切割部位避开应力集中部位，并确保构件切换后不产生新的附加内应力，如切割线不能选在两构件垂直交接处等。
5）切割部位应兼顾到切换作业的难易程度，如是否便于切割，需拆装的相关零件的多少及操作难易程度等。

二、钣金件切割方法

钣金件切割方法主要有氧乙炔焰切割和气动锯切割两种。

1. 氧乙炔焰切割

氧乙炔焰切割虽然具有切割能力强、切断效率高的优点，但也存在许多缺点：一是切割部位会因受热而变形，为了焊接新件，需要对切割部位进行整形，这会增加一定的工作量；二是对结构性钣金件的内部结构来说，由于氧乙炔焰的温度超过1500℃，会使切割区域的金属晶界发生氧化或熔化，并使防腐层损失，造成金属过早锈蚀。如图8-1所示，氧乙炔焰切割主要适于切割较厚的结构性钣金件，如底板横纵梁、车架、骨架、支柱等。

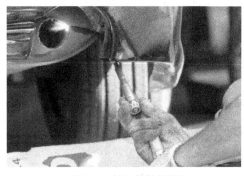

图8-1 氧乙炔焰切割

2. 气动锯切割

用气动锯切割可以获得整齐的切痕，适于切割断面尺寸不大的小板类构件，如窗柱、门柱、门槛板等，如图8-2所示。使用气动锯不仅可以避免氧乙炔焰切割导致的热变形，解决切割区域金属材质发生变化和防腐层受损的问题，还可完全按照事先在车身上划出的区域进行切割，误差很小，大大提高了维修质量。

图8-2 气动锯切割

▲ **实际操作**

一、前支柱的切割

1）如图8-3所示，找到支柱上端的基准孔，并由此向下测量100mm，在该处内侧做标记。

2）如图8-4所示，在两根截断线处进行切割操作。

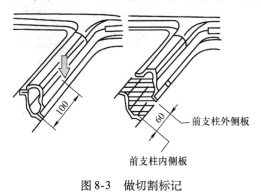

图8-3 做切割标记

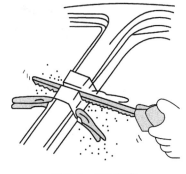

图8-4 切割操作

3)为便于安装,切割后应将前支柱内的锈蚀清除,如图8-5所示。

二、后围侧面板的切割

1)用卷尺按照需要切割部位的尺寸要求在后围侧面板上做出标记。

2)如图8-6所示,经观察比较无误后,用气动锯进行切割。一般选择在车顶侧板接近车顶200mm左右的位置,以及车门槛板靠近轮眉100mm左右的位置切割。切割的断口要比新件安装时的对缝多20mm左右的余量。

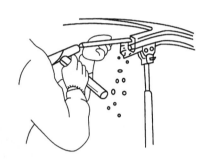

图8-5 将前支柱内的锈蚀清除

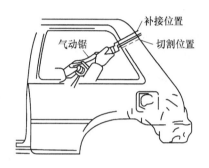

图8-6 后围侧面板的切割

三、大梁的切割

1)用卷尺按照需要切割部位的尺寸要求在大梁上做出标记,如图8-7所示。

2)调整好氧乙炔焰,如图8-8所示。

图8-7 在大梁上做出标记

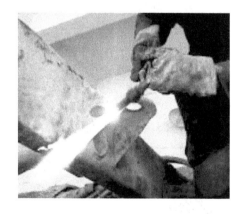

图8-8 调整氧乙炔焰

3)如图8-9所示,经观察、比较无误后,用氧乙炔焰进行切割。

4)切割后的断口应平整,如图8-10所示。

图 8-9　进行切割

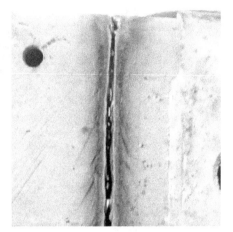
图 8-10　切割后的断口

你学会了吗?

1. 钣金切割部位如何选择？
2. 钣金件切割方法有哪些？
3. 前支柱如何切割？

第33天　钣金件焊点的拆解

学习目标

1. 熟悉确定点焊位置的方法。
2. 掌握拆解焊点及焊缝的方法。

实际操作

一、确定点焊位置的方法

车身结构性钣金件在制造装配时一般用点焊焊接在一起，但拆卸钣金件焊点前应了解点焊的数目和排列方法，以便确定点焊位置。主要方法如下：

1）用砂轮机除去底漆、保护层和其他覆盖物，以便找到点焊位置，如图8-11所示。

2）用氧乙炔焰（气焊）将底漆烧焦，然后用钢丝刷清除，即可看到点焊轮廓。若清除油漆后仍无法看清点焊区域，则可用黑金刚錾子对焊接处进行凿击，如图8-12所示。

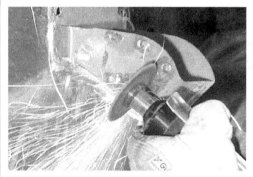
图8-11 用砂轮机确定点焊位置

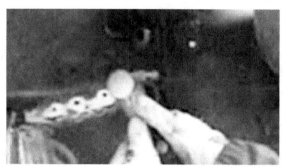
图8-12 用黑金刚錾子凿击点焊位置

3)对于较难操作的部位,可用刀对焊接处进行清理,但不要划伤周围零件的镀锌层,如图8-13所示。

二、拆解焊点及焊缝的方法

拆解组焊而成的车身结构性钣金件时,确定点焊位置后的关键作业是剥离焊点或焊缝。拆卸方法则主要取决于焊接方式,以及车身结构性钣金件上的焊点分布状况等,例如是焊点还是焊缝、在边缘还是在中间、朝上面还是朝下面等。拆解焊点以切割、钻削、磨削等方式为主,主要有定

图8-13 用刀进行清理

位钻去除点焊、气动锯切割点焊、錾子去除点焊、砂轮机去除焊缝等。

1. 定位钻去除点焊

如图8-14所示,采用定位钻去除点焊的优点之一是绝大多数焊点可以一次性去除,只需要最后再打磨修整一下即可。

2. 气动锯切割点焊

如图8-15所示,用气动锯沿焊缝切割掉大多数焊点,然后清理掉剩下的其他焊点即可。

图8-14 定位钻去除点焊

图8-15 气动锯切割点焊

3. 錾子去除点焊

如图 8-16 所示，采用锤子和錾子去除点焊，操作简单，但只能清除少量不密的点焊，且劳动强度大。

4. 砂轮机去除焊缝

在某些车身中，钣金件是用连续的气体保护焊焊缝连接的。由于焊缝较长，只能用碟形砂轮机或高速砂轮机来清除焊缝，分离钣金件，分别如图8-17和图 8-18 所示。

图 8-16 錾子去除点焊

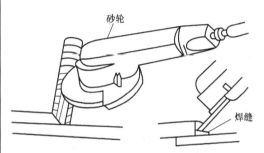

图 8-17 碟形砂轮机清除焊缝

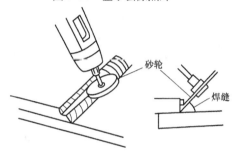

图 8-18 高速砂轮机清除焊缝

你学会了吗？

1. 确定点焊位置的方法有哪些？
2. 焊点的拆卸方法有哪些？
3. 焊缝的拆卸方法有哪些？

第 34 天　钣金件铜焊的拆解

学习目标

1. 熟悉确定铜焊位置的方法。
2. 掌握拆解铜焊的方法。

基础知识

一、确定铜焊位置的方法

拆解铜焊车身结构性钣金件时可采用氧乙炔焊炬加热法，利用钎料熔点低的特点，加热使其熔化，达到对车身结构性钣金件进行拆解的目的。

如图 8-19 所示，确定铜焊位置，首先用氧乙炔焰使油漆软化，再用钢丝刷或刮刀将油漆除去，最后用旋具将焊点撬松。

二、拆解铜焊的方法

确定铜焊的准确位置后，可将氧乙炔焊炬的火焰调节成中性焰，给焊缝上的钎料加热使其熔化，同时用铜丝刷将熔化的钎料除掉以免流淌。趁铜钎料未冷凝之前，用旋具等工具撬动焊缝，使车身结构性钣金件松动，如图 8-20 所示。

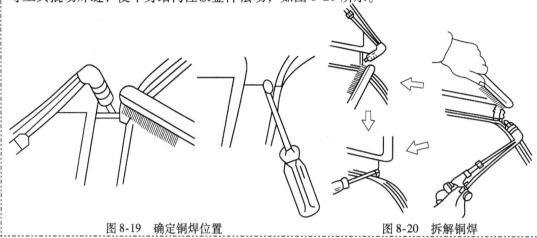

图 8-19 确定铜焊位置　　　　图 8-20 拆解铜焊

 实际操作

一、拆解车顶

1）用氧乙炔焊炬使油漆软化，用钢丝刷或刮刀将油漆和焊料除掉，如图 8-21 所示。

2）用手提砂轮机拆除焊缝，如图 8-22 所示。

3）拆下车顶，如图 8-23 所示。

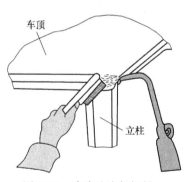

图 8-21 清除油漆与钎料

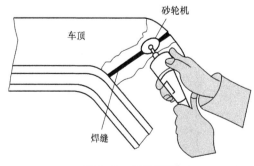

图 8-22 拆除焊缝

图 8-23 拆下车顶

二、拆解门立柱

1）除去油漆后，若属于铜焊焊区，则用砂轮切除，如图 8-24 所示。

2）为确保钣金件被切到，必须掌握切割的深度，如图 8-25 所示。磨透铜焊焊缝后，用錾子和锤子分离钣金件即可。

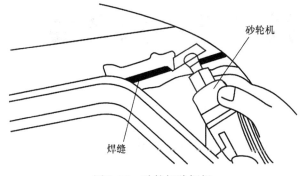 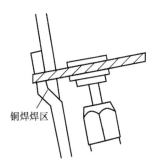

图 8-24　砂轮切除铜焊　　　　　　图 8-25　切割的深度

▲你学会了吗?

1. 确定铜焊位置的方法有哪些?
2. 铜焊的拆卸方法是什么?
3. 如何拆解车顶?
4. 如何拆解门立柱?

第九章

钣金件焊接工艺必知必会

第 35 天　焊接工艺基础知识

学习目标

1. 了解焊接工艺的特点。
2. 了解焊接种类。
3. 熟悉常用焊接名词及术语。

基础知识

一、焊接工艺的特点

焊接指通过热量将不同块体的钣金件永久性连接在一起的工艺过程，是将车身钣金件连接在一起的主要方式。一直以来，车身修复时主要使用氧乙炔焊和焊条电弧焊来焊接车身上的钣金零部件及车身结构性钣金件。

随着高强度钢在整体式车身上的广泛使用，上述两种方法逐渐失去了主导地位。因为氧乙炔焊会导致高强度钢板过热，材质改变、变薄，进而使性能恶化，削弱了钢板的力学性能。另外，由于热量较为集中，焊接时产生的应力较大，且难以采取有效控制措施。而焊条电弧焊焊接后的焊缝部位一般硬度较高，但韧性不足，薄板容易出现熔穿孔。相较于 CO_2 气体保护焊，电弧焊对薄板的焊接质量较差。

目前，用于车身焊接的主要有 CO_2 气体保护焊和电阻点焊，而氧乙炔焊虽然有缺点，但在钣金维修中仍能发挥一定作用，如金属表面清洁、加热后取出难以松动的螺钉等。

二、焊接种类

由于焊接生产效率高、不受形状限制、作业后可保持车身的整体性、不增加车身重量、对空气和水的密封性好，一直是车身制造和车身修复的主要连接方式。根据焊接工艺、作业方式、焊接温度等，焊接可分为压焊、熔焊和钎焊，具体分类如图 9-1 所示。

1. 压焊

压焊指在加压条件下，使两个钣金件的搭接部位在固态下实现原子间结合，又称为固态焊接。汽车维修行业中常用的压焊设备主要是电阻点焊。

压焊法的共同特点是在焊接过程中施加压力而不添加焊料。多数压焊法没有熔化过程，因此没有熔焊那样的有益合金元素烧损和有害元素侵入焊缝的现象，从而简化了焊接过程。

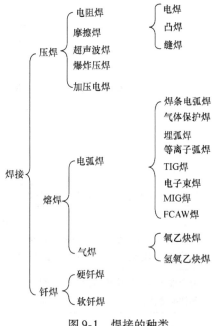

图 9-1　焊接的种类

2. 熔焊

焊接过程中，将焊件接头加热至熔化状态，不加压完成焊接的方法称为熔焊。它又分为电弧焊和气焊。

1）电弧焊利用电弧放电时产生的热量（5000℃）熔化焊条和焊件，从而获得牢固接头的焊接过程。按照电极是否熔化分为熔化极电弧焊和非熔化极电弧焊。

2）气焊是利用可燃气体与氧气混合燃烧的火焰所产生的高热，熔化焊件和焊丝以进行金属连接的一种焊接方法。

3. 钎焊

钎焊焊接过程中，采用比母材熔点低的金属材料作为钎料，将焊件和钎料加热到高于钎料熔点、低于母材熔点的温度，利用液态钎料润湿母材，填充接头间隙并与母材相互扩散实现连接焊件的方法称为钎焊。

根据钎焊材料熔化的温度，可将其分为软钎焊和硬钎焊两类。焊料熔点高于450℃的是硬钎焊，其中以铜焊为代表；焊料熔点低于450℃的则为软钎焊，常见的如锡焊、银焊等。钎焊焊接过程中，金属母材并不需要熔化，其中软钎焊多为母材表皮活化，硬钎焊则为母材表皮熔化。

三、常用焊接名词及术语

常用焊接名词及术语,见表9-1。

表9-1 常用焊接名词及术语

序号	焊接名词及术语	含义
1	焊接工艺	焊接过程中的一整套工艺程序及技术规范,包括焊接方法、焊前准备、装配、焊接材料、焊接设备、焊接顺序、焊接操作、焊接参数及焊后处理等
2	电弧	由焊接电源供给,在两极间产生强烈而持久的气体放电现象,可分为交流电弧、直流电弧和脉冲电弧
3	熔点	熔点指金属经过加热后由固态转为液态时的温度。反之,冷却后由液态转为固态的温度,称为凝固点。与沸点不同,熔点受压力的影响很小,大多数情况下,一个物体的熔点等于凝固点
4	熔深	熔深指母材熔化后,熔池内最深位置与母材表面之间的距离,俗称渗透性能,也可以理解为在母材表面下方热量所能熔化的深度
5	母材	待焊钣金件的材料。焊接时,应根据母材来选择焊料
6	熔池	金属加热熔化后具有一定几何形状的液态金属,即焊缝凝固前的熔融状态。熔池与电流、电压和焊枪的角度、焊接速度、焊材种类、母材自身的特性有关。与前两者的关系更为密切,电流越大,熔池越深;电压越大,熔池越宽
7	焊缝	焊接形成的两个被连接体的接缝称为焊缝。焊缝的两侧在焊接时会受到焊接热量作用,发生组织和性能变化,这一区域被称为热影响区
8	焊层	焊接的层数,主要针对较厚的焊件
9	保护气体	防止熔池和电弧与空气发生有害反应的气体,由气瓶提供,从焊枪喷出
10	惰性气体	不与其他元素发生反应的气体。如氦、氖、氩、氪、氙、氡,通常情况下,它们不与其他元素化合,而仅以单个原子的形式存在
11	活性气体	常温下很活跃,可与其他元素发生反应的气体,如氧气、二氧化碳
12	焊丝	丝状熔化电极。焊丝不需要经常更换,因此生产率比焊条高
13	熔化电极	一种向电弧传导电流,同时可作为填充金属熔进焊缝的电极,这里特指焊丝
14	填充金属	也称填料,焊接时添加到焊缝、堆焊层中的金属合金材料的总称,通常可以增加焊接接头的强度和质量,包括焊丝、焊条、钎料等
15	还原剂	可从熔池和电弧中去除氧、氮、氢的物质
16	送丝速度	从焊枪送出焊丝的速度
17	预热	在焊接之前加热母材。某种情况下,焊前使焊件接口处预热,焊时保温和焊后热处理可以降低金属的硬度,改善焊缝质量,减少热裂纹倾向
18	飞溅	焊接过程中溅出的液体金属颗粒,飞溅会在工件表面留下不需要的金属粒
19	熔滴	焊条或焊丝前部端头受热熔化,并向熔池过渡的液态金属
20	坡口	在焊件的待焊部位加工或装配成的一定几何形状的沟槽,称为坡口。坡口形式有不开坡口(I形坡口)、Y形坡口、双Y形坡口、U形坡口等

你学会了吗?

1. 焊接工艺的特点是什么?
2. 焊接种类有哪些?

第36天 二氧化碳（CO_2）气体保护焊工艺

 学习目标

1. 了解 CO_2 气体保护焊的工艺特点。
2. 熟悉 CO_2 气体保护焊的调整参数。
3. 掌握 CO_2 气体保护焊的焊接形式。
4. 了解 CO_2 气体保护焊的焊接位置。

 基础知识

一、CO_2 气体保护焊工艺特点

CO_2 气体保护焊工艺大多采用半自动 CO_2 气体保护焊机。焊机的焊丝送给和 CO_2 气体的输送都是自动进行的，而沿焊缝的施焊则是手工操作的。它可以使用 $\phi 0.6 \sim \phi 0.8mm$、$\phi 10mm$ 直径的焊丝，可对厚度在 $\phi 0.4 \sim \phi 0.8mm$ 的钣金件（低碳钢、低合金钢、不锈钢等）进行空间全位置的对焊、搭焊和角焊等，并能对铸铁进行补焊。

二、CO_2 气体保护焊接调整参数

1. 电弧电压调整

电弧电压作为参数调整的一个重要指标，通常需要根据钣金件的厚度及焊接位置进行设定。

1) 电弧电压过高时，电弧长度增大，焊接熔深减小，焊缝宽度增大；电弧电压过低时，电弧长度减小，焊接熔深增加，焊缝宽度减小。

2) 电弧电压较大时，焊接飞溅物增多，喷嘴、导电嘴容易烧蚀；电弧电压过低时，则会出现"噼啪"响或引弧困难。只有将电弧电压调整到适当的数值时，焊接部位才能持续发出平缓的"嘶嘶"声音。短路过渡焊接时，电弧电压一般在 16~25V 范围内；采用 1.2~3.0mm 直径的焊丝进行焊接时，电弧电压在 25~44V 范围内。

2. 焊接电流调整

目前，常用的 CO_2 气体保护焊机种类较多，有的具有单独的电流调节旋钮，有的将电流调节和出丝速度调节功能结合在一起。焊接电流的大小会影响钣金件的焊接熔深、焊丝熔化速度、电弧的稳定性、焊接飞溅物的数量等。随着电流强度的增加，焊接熔深、焊缝的宽度和高度也会增加。一般用 0.8~1.8mm 直径的焊丝或短路过渡焊接时，焊接电流在 50~230A 范围内。

3. 导电嘴与钣金件的距离与调整

如图9-2所示，导电嘴到喷嘴之间的距离一般调整为约3mm，导电嘴到钣金件的距离

一般为 8~12mm，焊枪与钣金件距离太远或太近都会使焊接性能变差。若距离太远，则保护气体起不到应有的保护作用，焊丝会提前预热发红，这会增加焊丝的熔化速度，导致焊接熔敷性较差，并且会增加焊接过程中的飞溅物；若距离太近，则很容易挡住操作者视线，难以观察熔池，同时会加速导电嘴损坏并造成钣金件出现熔穿孔。

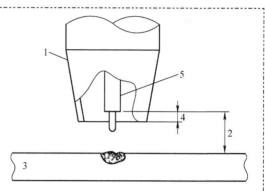

图 9-2　焊枪与钣金件间的距离
1—喷嘴　2—导电嘴到钣金件之间的距离　3—钣金件
4—导电嘴到喷嘴之间的距离　5—导电嘴

4. 焊丝伸出喷嘴长度调整

如图 9-3 所示，焊丝伸出喷嘴长度 4~7mm 为宜，喷嘴为内外层结构，中间有绝缘层隔绝。如果焊接时的熔滴或飞溅物落入喷嘴，则 CO_2 气体不容易流出，还会阻碍焊丝的进给，影响焊接质量。另外，熔滴也可能造成导电嘴与喷嘴成为导体，应流入到焊丝的电流会转移到喷嘴上，焊丝会燃烧或者飞溅，加速喷嘴、导电嘴的损坏。由于焊接时电阻加大，焊机还会出现"嗡嗡"的噪声。因此，应经常清洁喷嘴上的飞溅物，并在焊接前用防溅剂以减少黏附于喷嘴上的飞溅物。

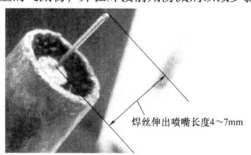

图 9-3　焊丝伸出喷嘴长度

5. 送丝方式与送丝速度调整

CO_2 保护焊有正向和反向两种送丝方式，如图 9-4 所示。正向焊法也称右焊法或退焊法，这种方式焊接熔深较大、焊缝较窄、成形饱满，但不容易掌握焊接方向，容易焊偏。反向焊法也称左焊法或前焊法，其气体保护效果好、焊接熔深较小、飞溅物较多。车身钣金件通常采用正向焊法，反向焊法则常用于焊接厚金属板材和铝合金板材，因为此时需要大量的屏蔽气体，以防止焊缝氧化。

送丝速度的快慢可以通过视觉、听觉和触觉等进行感知，送丝速度较慢时，随着在熔池内熔化并熔敷在焊接部位，焊丝容易出现回烧现象，此时亮度增加，焊纹不亮。送丝速度较快时，握焊枪的手会感到反冲力，焊丝不能充分熔化，飞溅增多，此时的视觉信号为频闪弧光。只有调整合适时，才会感觉焊接顺畅，焊接声音连贯，无断续感且焊纹较亮。在生锈或者有油脂的部位焊接时，焊丝也会产生反冲力，应先进行清洁，或将送丝速度适当减慢再进行焊接。

仰焊时，金属熔滴因受重力作用，可能会落入气体喷嘴，导致喷嘴或导电嘴烧蚀。因此，仰焊作业时要采用较快的送丝速度、较短的电弧和较小的金属熔滴。将喷嘴推向钣金件，确保焊丝不会向熔池外移动。

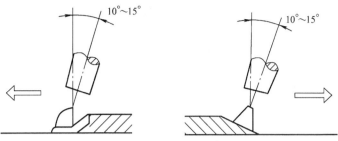

图 9-4 CO_2 保护焊送丝方式

6. CO_2 气体的流量控制

CO_2 保护焊的保护气体流量应该适中。气体流量太小起不到保护作用或保护效果较差，流量太大则会形成涡流，同样也会降低保护效果。气体流量应根据喷嘴和钣金件之间的距离、焊接速度、焊接周围空气流动情况等进行调整。通常，进行仰焊时气体流量应适当增加，以给熔滴施加向上的推力，避免其因受重力作用而落入喷嘴。

7. 焊接速度控制

焊接速度应根据焊缝类型、钣金件厚度、焊接电压等因素做出相应调整，如果焊枪的移动速度较快，则焊接熔深和焊缝的宽度都会减小。移动速度进一步加快时，会出现咬边现象。如果移动速度较慢，则焊缝的宽度会相应增加，钣金件会因热量的聚集而产生变形，从而破坏母材的性能。要想得到良好的焊缝，就需要使焊枪沿着焊缝平稳地移动。移动太快或偏离焊接接缝都会使焊接区金属不能很好熔化，会形成外表难看、强度不牢的焊缝。此外，焊接时的站姿和抓握焊枪的姿势一定要稳，否则也会影响焊接质量。

三、CO_2 气体保护焊的焊接形式

1. 连续焊

连续焊也叫拖焊，指焊枪缓慢、匀速、稳定地向前运动，中间没有停顿电弧，从而形成一道连续焊缝的焊接方法，如图 9-5 所示。连续焊的焊缝熔透性好、质量较高、成形美观，而且可以提高工作效率。其缺点是会导致热量聚集，而温度过高易造成车身钢板发生翘曲或扭曲变形。因此，对于较长的焊缝，不建议一次性连续焊接完成，焊接一段后需要冷却一段时间，然后再进行焊接，或者采用跳焊、逐步退焊等方法，以避免热量聚集。热量集中在一个非常小的区域内，焊接时就会导致烧穿现象出现。

进行连续焊操作时，应保持姿势稳定，焊枪通常倾斜 10°~15°，握焊枪的手做匀速直线运动，这样可以清楚地观察熔池，从而得到高度和宽度恒定的焊缝，此时焊缝上带有许多均匀的细焊波。起焊时，应将焊枪下压，避免焊缝高度过高，宽度过窄。随着焊接后温度的升高，应将焊枪抬至正常高度，缓慢、匀速向前运行。临近焊缝结束时热量较高，应将焊枪小幅抬起，避免焊缝过低、过宽。收枪时，不能抬起太快，否则熔池容易出现气孔。

2. 定位焊

定位焊是一种临时点焊，用于使两待焊钣金件相对位置固定不变，以免发生位置偏移，如图 9-6 所示。定位焊的距离应根据钣金件厚度、形状、焊缝长度等情况确定。通常，厚度越大则面积越小，曲面越大则定位焊的距离越远。反之，定位焊时应离近一点。车身钣金件定位焊的跨度一般为 15~30mm。

切割更换车身后翼子板、车门立柱等部位时，车身线、凸缘、边缘位置应首先进行定位点焊。对定位焊点在正式焊接前应进行打磨，以焊点与钣金件几乎持平而又不会轻易断开为原则，这样正式焊接时定位焊部位既可以被良好地熔透，而且焊缝也不会太高。

图9-5　连续焊操作

图9-6　定位焊操作

3. 塞孔焊

塞孔焊也称填孔焊，指在外面的一块或若干块钣金件上打孔，电弧穿过该孔，进入里面的钣金件，该孔被熔化的金属填满并将钣金件焊接在一起，如图9-7所示。

塞孔焊只能用于车身上两层或若干层钣金件的搭接部位，可以代替制造厂的电阻点焊。采用塞孔焊焊接不同厚度的钣金件时，应将较薄的钣金件放在上面，并在较薄的钣金件上冲出或钻出较大的孔，这样才能保证下部较厚的钣金件能首先熔化。车身制造时很少采用塞孔焊，有的车架为了保证焊接强度采用了这种工艺。

4. 点焊

点焊法是送丝定时脉冲被触发时，将电弧引入被焊的两块钣金件，使其局部熔化的一种焊接工艺，如图9-8所示。大多数CO_2保护焊机内部安装有定时器，在一次点焊后，便会自动切断送丝装置并关闭电弧，间隔一定时间后，才能重新进行下一次点焊。开关触发一次只能焊接一个焊点。因此，无论将焊枪开关触发多长时间，都不起作用。但将触发器松开，然后再次起动，便可进行下一次点焊。

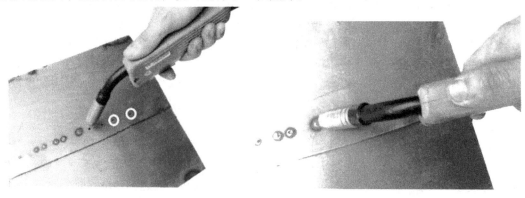
图9-7　塞孔焊操作　　　　　　　　图9-8　点焊操作

点焊的焊点一般较小，不容易造成熔穿，适合薄钣金件及较大缝隙部位的焊接。点焊可以使用通用型喷嘴，也可以采用点焊专用型喷嘴进行焊接。可以在对接位置进行焊接，也可以在搭接、角接部位进行焊接。

5. 连续点焊

连续点焊指持续、快速进行若干次点焊，使焊点与焊点相连接或者重叠，如图9-9所示。连续点焊产生的热变形较小，熔池较小，因此车身钣金件的切割、更换大多采用连续点焊。

连续点焊可以采用右焊法，也可以采用左焊法。这两种焊接方法成形的焊缝形状有所不同。采用右焊法连续点焊时，焊点应压在上一个焊点直径1/3的位置，从左至右，依此类推。因此，右焊法的连续点焊焊缝是右侧的焊点压在左侧焊点上部，焊缝成形相对饱满。采用左焊法时，焊点应在上一个焊点的边缘位置起弧，从右至左。左焊法的连续点焊焊缝是左侧的焊点压在右侧的焊点上部，焊缝较低，焊波清晰，飞溅较少。

6. 焊补孔洞

车身钣金件在碰撞过程中及车身修复时会出现一些孔洞，需要进行焊补，如图9-10所示。焊接时，首先应将 CO_2 保护焊机的参数调整至尽量小的范围，在孔的边缘进行快速点焊，焊接方式为从一边到另一边依次焊接，直至把小孔填满。

图9-9 连续点焊操作

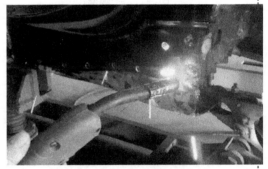

图9-10 焊补孔洞操作

四、CO_2 气体保护焊的焊接位置

焊件接缝所处的空间位置称为焊接位置。焊接位置主要有平焊、横焊、立焊和仰焊四种。

1. 平焊

平焊指待焊表面处于近似水平，从接头上面进行的焊接，如图9-11所示。平焊是最容易焊接的状态，还能获得很好的焊透深度，因此应尽可能地将钣金件放到能实施平焊的位置。

塞焊

2. 立焊

立焊指沿接头由上而下或由下而上进行的焊接，如图9-12所示。立焊时，熔池金属和熔滴受重力作用具有下坠趋势，与焊件分开后容易产生焊瘤。因此使用的电流不要过大，应略低于平焊电流，且焊丝不用像焊条电弧焊那样左右或锯齿状摆动，通常采取由上而下的焊接方法。

3. 横焊

横焊指待焊表面处于近似垂直焊缝轴线处于基本水平的位置时进行焊接，如图9-13所示。横焊的位置特殊，主要缺点是易产生焊瘤和咬边，对于稍厚的钣金件，需要采用合适的焊丝或焊条以保障焊接质量,对此类钣金件多采用连续点焊的焊接方法。

4. 仰焊

仰焊指待焊表面处于水平下方的焊接,如图 9-14 所示。仰焊在各类位置焊接中属于最难焊的一个位置。受重力作用,熔滴会出现下垂,因此焊接时应调低电压、电流及出丝速度,并将 CO_2 气体流量适当调大一点。

图 9-11 平焊操作

图 9-12 立焊操作

图 9-13 横焊操作

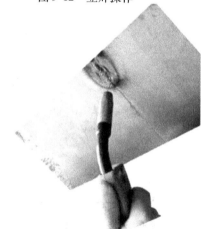

图 9-14 仰焊操作

实际操作

1)用工具撬动底板,使接缝对平齐,如图 9-15 所示。
2)用夹子夹持钣金件,并在关键点上进行点焊定位,如图 9-16 所示。

图 9-15 矫正接缝

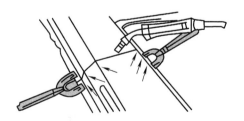

图 9-16 夹持钣金件

3）用工具调整对缝高度差，并以点焊定位，如图9-17所示。
4）准备就绪，进行对接焊，如图9-18所示。

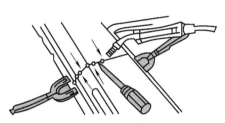

图9-17 点焊定位

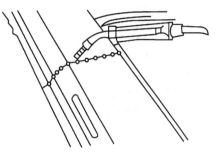

图9-18 进行对接焊

 你学会了吗？

1. CO_2气体保护焊有什么特点？
2. 如何调整CO_2气体保护焊的焊接参数？
3. CO_2气体保护焊的焊接形式有哪几种？
4. CO_2气体保护焊的焊接位置有哪几种？

第37天 氧乙炔焊工艺

 学习目标

1. 了解氧乙炔焊设备的结构及原理。
2. 掌握氧乙炔焊工艺参数的选择。
3. 了解氧乙炔焊的焊接位置。

 基础知识

一、氧乙炔焊设备的结构及原理

氧乙炔焊以氧气和乙炔气混合燃烧所释放的热量作热源进行金属材料焊接。这种焊接方法所用的设备简单、搬运方便，适合焊接较薄的钣金件，因此在汽车钣金修复中应用广泛。

氧乙炔焊设备及其管路系统如图9-19所示。其中，氧气瓶主要供给焊炬火焰燃烧所需的氧气；乙炔发生器供给乙炔；减压器和回火保险器用于保障焊炬火焰正常燃烧，防止回火气体蔓延至乙炔发生器引起事故。

图9-19 氧乙炔焊设备及其管路系统

二、氧乙炔焊工艺参数的选择

1. 火焰类型的选择

火焰类型取决于焊接母材的材质。碳素钢类材料多采用中性火焰焊接，其他材料则可使用碳化焰或氧化焰。

（1）中性火焰

如图 9-20 所示，中性火焰焰心呈尖锥形，色蓝白而亮，轮廓清晰，外焰呈淡橘红色。适用于低碳钢件、纯铜板件的焊接。

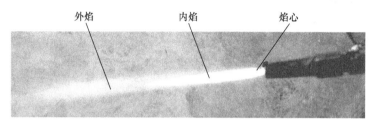

图 9-20　中性火焰

（2）碳化焰

如图 9-21 所示，碳化焰焰心呈蓝白色，外周包着一层淡蓝色的火焰，轮廓不清晰，外焰呈橘红色，伴有黑烟。适用于高碳钢、铝合金、一般铝板等的焊接。

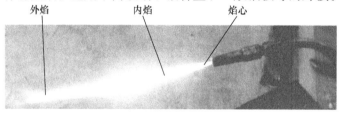

图 9-21　碳化焰

（3）氧化焰

如图 9-22 所示，氧化焰焰心呈淡蓝色，内焰较小，焊接时会发出急促的"嗖嗖"声。

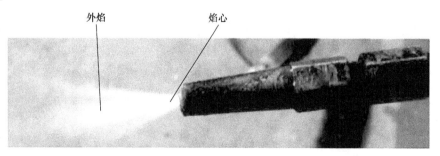

图 9-22　氧化焰

2. 焊嘴的选择

焊嘴的大小与火焰的能率有关。火焰的能率即单位时间内火焰所提供的热能的大小。大号的焊嘴，火焰能率高，适于厚钣金件的焊接。各种型号焊嘴，如图 9-23 所示。

图 9-23　各种型号焊嘴

3. 焊丝与焊剂的选择

（1）焊丝的选择

如图 9-24 所示，焊丝材料应选用与钣金件相同的材料，汽车钣金件多为低碳钢板，焊丝选用一般铁丝即可。

（2）焊剂的选择

在焊接的过程中，金属中的某些成分易发生氧化，生成难熔的氧化物。焊剂的主要作用就是防止氧化的发生，并将难熔性氧化物转化为可熔性盐类，同时使生成的杂质浮于焊道表面，防止焊缝产生气孔和夹渣。使用时，可将焊剂先涂在零件焊接处，也可在焊接时将焊丝粘上焊剂填到焊缝中。焊剂如图 9-25 所示。

图 9-24　焊丝

图 9-25　焊剂

4. 焊接方向的选择

氧乙炔焊的操作方法有左焊法和右焊法两种。焊炬从右向左移动的焊接方法称为左焊法；焊炬从左向右移动的焊接方法称为右焊法。

（1）左焊法

如图 9-26 所示，左焊法指焊枪从右向左移动，火焰背对焊缝而指向未焊部位。此焊法操作较为简便，焊接薄钣金件和低熔点金属时，可降低焊件受热变形和烧穿的可能性。同时，火焰对焊口和未焊部位有一定预热作用，焊接速度较快。

（2）右焊法

如图 9-27 所示，右焊法指焊枪从左向右移动，火焰指向焊缝已焊部位。焊缝周围的空气对火焰影响较小，能很好地保护熔池内金属，且焊缝冷却速度慢，金属组织得以改善，使焊缝质量优化。但此法操作难度大，不易掌握，多用于厚钣金件的焊接。

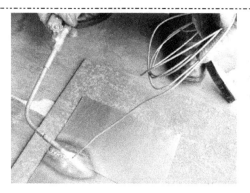
图 9-26 左焊法的操作

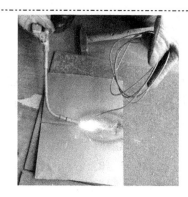
图 9-27 右焊法的操作

三、氧乙炔焊的焊接位置

1. 平焊

焊接开始时，焊炬与焊件的角度可大些，而焊接过程中，焊炬与焊件的角度可减小些。焊丝与焊炬的夹角应保持在 90°左右，如图 9-28 所示。

2. 横焊

如图 9-29 所示，横焊时应采用左焊法，火焰倾斜向前、向上，用火焰的吹力托住熔池金属，使其不发生下淌。焊丝始终插在熔池中，并不断把熔化的金属向上拨动。应选择比平焊小的火焰能率，并严格控制熔池温度。

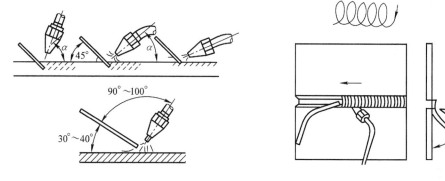

图 9-28 平焊操作　　　　　　图 9-29 横焊操作

3. 立焊

立焊的火焰能量比平焊小些。要严格控制熔池温度，以借助火焰气流的吹力托住熔池，不使熔化金属下淌。立焊操作如图 9-30 所示。

1）焊接火焰应倾斜向上，并与焊件成 60°夹角。焊丝与焊件间应成 30°～50°角，并进行环形移动，将熔化的金属均匀地一层层堆敷上去，但要注意少加焊丝。

2）熔池面积不能过大、过深。厚板焊接时，焊嘴不要做横向摆动，仅做上下跳动，这有利于控制熔池温度。

3）适当提高焊接速度，并将火焰较多地集中在焊丝上，可防止熔池温度过高，避免熔池金属下淌。

4）应采用由下向上的焊接方向，熔池形状以扁圆形或椭圆形为宜，不要形成上下尖形的熔池。焊接薄板时，因熔池体积较小，焊枪可做较小的横向摆动，这样有利于疏散熔池中的热量。另外，还应将熔融金属吹到两侧，以形成较好的焊接品质。

4. 仰焊

仰焊指焊件在焊接火焰上方，钣金技师需仰视焊件并进行焊接作业，如图9-31所示。仰焊应使用较小的火焰能率，严格控制熔池温度和面积，这有利于使熔化金属快速凝固。由于操作困难，应注意如下事项：

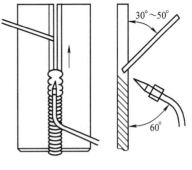

图9-30 立焊操作

1）尽可能选择较小的火焰能率，所用焊枪和焊嘴均应比相同焊件平焊时小一号。焊接时应严格控制熔池的温度和大小，确保熔化的金属快速凝固。

2）宜选用较小直径的焊丝以薄层堆敷上去。焊接较厚或有坡口的焊件时，应分层施焊。第一层应保证焊透，此后各层应保证熔合良好。

3）焊嘴与钣金件应成60°~80°角，焊丝与焊件应成35°~55°角。用焊丝挡住部分火焰，并利用火焰的吹力托住熔池金属。施焊过程中，焊丝应进行"之"字形运动，并始终浸在熔池内，焊嘴则应进行扁圆形运动。

4）仰焊时，应特别注意作业安全和焊接姿势，做好必要的防护工作。

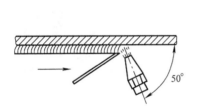 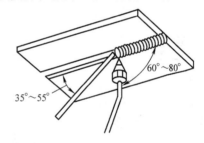

图9-31 仰焊操作

🔧 实际操作

1）用氧乙炔焊修复钣金件时，应选用HO-06型焊炬配以3号焊嘴，使用直径为2~2.5 mm的低碳钢焊丝，火焰调整为中性焰。

2）施焊前将裂纹变形的金属钣金件对齐。

3）焊接操作，如图9-32所示。

① 对于普通裂纹，先将端部固定焊上一点。对裂纹的焊接应遵循"由内向外"的原则，即从裂纹的止点起焊，逐渐将焊道引向裂纹的另一端。

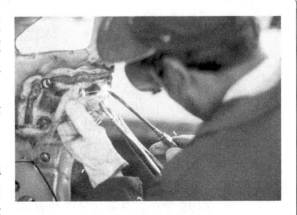

图9-32 氧乙炔焊接操作

②裂纹较短时，可沿裂纹走向一次焊到边缘。裂纹较长时，也应按 50mm 的间距先行定位焊接。

4）焊接过程中，如发现构件裂纹两侧的金属板件错位，则应借助锤子、垫铁等工具将其敲平、整齐。

5）在一块较大金属钣金件上焊接单一裂缝时，可用湿布或湿棉纱等围住焊缝后再施工，防止氧乙炔焊对周围金属产生热影响。

6）焊接修补后在焊缝的内侧垫上垫铁，用平锤沿焊缝轻轻敲击一遍，以消除焊接造成的残余内应力。

  你学会了吗？

1. 氧乙炔焊设备是如何工作的？
2. 简述氧乙炔焊设备的结构。
3. 如何选择氧乙炔焊的工艺参数？
4. 氧乙炔焊的焊接位置有哪几种？

第 38 天　电阻点焊工艺

 学习目标

1. 了解电阻点焊的特点。
2. 熟悉电阻点焊的焊接原理。
3. 了解电阻点焊的要素。

 基础知识

一、电阻点焊的特点

1. 电阻点焊的优点

1）电阻点焊操作简单，对钣金工的技术水平要求不高。
2）焊点外观与原车焊点外观一致，成型美观。
3）焊接时间短，且为局部加热，钣金件热变形影响较小。
4）焊接速度快，且焊接飞溅比较容易控制，可有效提高工作效率。
5）焊接成本较低，焊接时不需要焊丝、焊条等填充金属，以及氧、乙炔、CO_2 气体等焊接材料，相较 CO_2 气体保护焊而言防护效果更佳。

2. 电阻点焊的缺点

1）可焊接的范围小，当车身结构复杂无法对钣金件两面同时进行焊接时，因单面点焊强度比较低，一般不建议采用。汽车钣金维修使用的电阻点焊的功率小于汽车制造业的工业电阻点焊机。

2) 只适用于钣金件重叠部位的搭接焊，对其他类型的接头不能焊接。

3) 只适用于焊接厚度小于3mm的薄钣金件。

二、电阻点焊的焊接原理

电阻点焊属于压焊中的电阻焊接，其原理是通过焊枪上的电极臂对重叠的钣金件加压，产生的高电流流过夹紧在一起的钣金件重叠部位时产生电阻热量，将钣金件局部加热到半熔融状态，在挤压力的作用下将它们接合在一起，冷却后形成熔核，如图9-33所示。

电阻产生的热量与电阻、焊接时间、电流成正比，这是非常关键的因素。如果金属局部完全熔化，则形成熔池，在压力的作用下熔深会很大，质量无法保证。在温度很低

图9-33 电阻点焊机的焊枪

的情况下，即使有压力作用，两块钣金件也不可能结合在一起。因此，比较理想的温度是将两块金属同时加热到半熔融状态下施压获得的。半熔融指金属完全熔化前的一种液态与固态共存的状态。此时，钣金件局部已经软化，接合部在压力的作用下使组织致密性提高，从而获得所需的力学性能。因此，电阻点焊的作业顺序应为加压、焊接、保持三个阶段。

三、电阻点焊的要素

电阻点焊质量由很多因素决定，其中，电极压力、焊接电流和焊接时间较为关键，被称为电阻点焊焊接三要素。除此以外，焊接质量与电极臂、电极头、母材状态及表面处理、焊点位置和数量等也有很大的关系。

1. 电极压力

电流过大、电极压力过小会在焊接时产生飞溅。在焊接电流不变的情况下，如果电极压力过小，则焊点熔深会很浅，不能有效提高接头的致密性，同时还会产生飞溅，导致接头强度降低；如果电极压力过高，则会使电极头压入被焊金属软化部位过深，同时焊点熔核会太小，接头强度也会降低。这是因为施加的电极压力越大，通电面积会越大，电流不能集中流过焊接部位，使热量减少，导致熔核相应变小。电极压力与熔核的关系如图9-34所示。

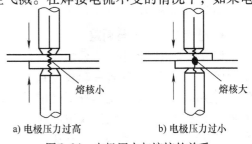

a) 电极压力过高　　b) 电极压力过小

图9-34 电极压力与熔核的关系

2. 焊接电流

焊接电流的大小由焊接钣金件的厚度、材质及电极臂的长度决定。焊接较薄的钣金件，或者使用缩短型的电极臂时，应减小焊接电流；焊接较厚的钣金件，或者使用加长型、宽距离的电极臂时，应加大焊接电流。

随着焊接电流的增加，熔核的直径也会相应增大，强度也会增加。当电流达到一定强度时，就会发生板内喷溅。此时增加压力可增加焊接部位的通电面积，进而将焊接溅出物降低到最小值。焊接电流与电极压力有密切的关联，能否相互协调直接影响到焊接质量。焊接电流与焊接钣金件的厚度关系，如图9-35所示。

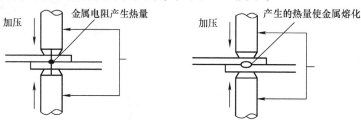

图9-35 焊接电流与焊接钣金件厚度的关系

3. 焊接时间

焊接电流不变的情况下，焊接部位产生的热量随焊接时间的增加而增加，熔核也会相应变大。进一步增加焊接时间，不仅不能增加熔核的直径，相反还会造成热应力、热变形等问题。焊接时间减少，熔核也会相应减小。同理，焊接时间不变，增加或减小焊接电流，也会导致焊接部位的热量相应增加或减小。

焊接电流和通电时间直接关系到焊接部位的热量，一般通过焊接后的焊点颜色判断电流大小与焊接时间长短。正常情况下，焊接后的焊点中间，即电极头接触部位的颜色不会发生变化，与没焊时的颜色相近。如果出现火红色，则说明焊接部位的热量较大，应相应减小焊接电流或减少通电时间。焊接时间与熔核的关系，如图9-36所示。

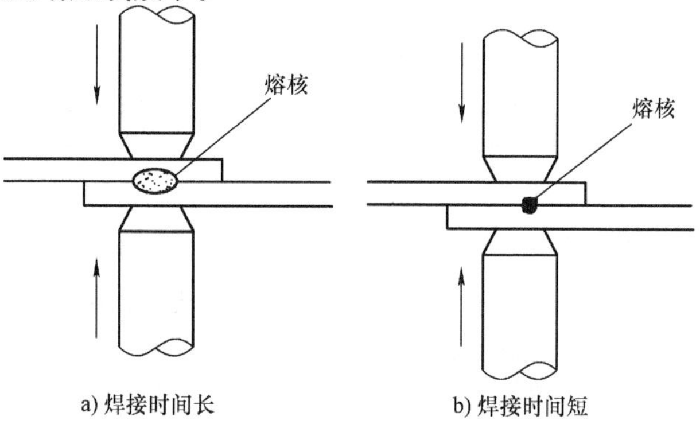

a) 焊接时间长　　b) 焊接时间短

图9-36 焊接时间与熔核的关系

4. 电极臂的选择与调整

焊枪臂由电阻较小，且导电性较好的铜合金制成，一台焊机会配备一套长度和形状不同的可更换电极臂，以满足车身不同位置的焊接需求。正常情况下，应选择较短的标准型电极臂，以获得稳定的电流和较大的压力。随着电极臂的长度增加，焊接压力会相应减小，电流也会相应损耗，导致焊接质量下降。使用加长型或宽距离电极臂时，高强度电流会因电缆长度增加而降低，需要调整焊机上的控制面板，将输出的电流强度调高。电极臂长度的调整如图9-37所示。

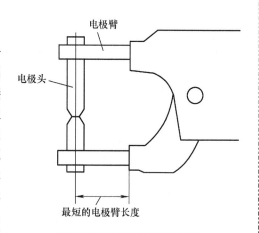

图9-37 电极臂长度的调整

5. 电极头的选择与维护

电极头的直径通常为焊接钢板厚度的两倍再加 3mm。如果电极头直径过大，则会使电流密度下降导致焊点直径变小；如果电极头直径过小，则焊点的直径不会变大。在长期的使用过程中，电极头端面容易粘附焊接烧结物和杂质，这会导致焊接时此处电阻增大，电流难以有效流通；如果继续焊接，则会使电极头不能充分散热而变得红热，造成电极头过度损坏、焊接电流大幅度下降，甚至出现焊接飞溅。因此，焊接时应该合理地安排休止过程，以便让电极头有冷却的时间，同时将电极头切刀清洁干净，如图 9-38 所示。

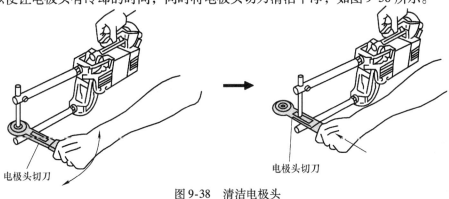

图 9-38　清洁电极头

▲ 实际操作

1）用气动锯切割掉原焊点。
2）用钻削或磨削的方法将焊点清除并使焊件剥离，借助撬板等工具将残留部分从车身上拆下。
3）整理车身上的接口部分。
4）将焊接面两边的油漆除净，并在焊接面上涂敷防锈剂。
5）将新钣金件牢牢地夹紧在指定位置上，用测量设备进行检测，保证位置准确。保证两片（或两片以上）嵌板或凸缘之间的接合面紧密。
6）调整电极夹臂接触压力、调整焊接电流的大小，如图 9-39 所示。
7）选择正确的点焊顺序，如图 9-40 所示。

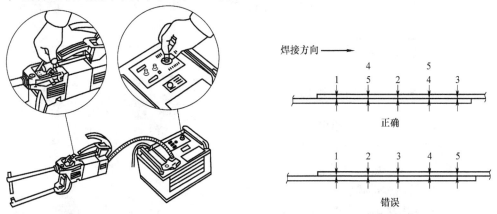

图 9-39　点焊机的调整　　　图 9-40　选择正确的点焊顺序

8）开始焊接，直到完成前车身悬架支承构件焊接为止，如图 9-41 所示。

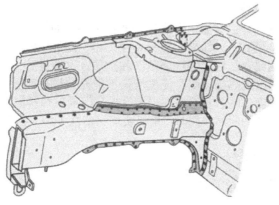

图9-41 前车身悬架支承构件焊接效果

 你学会了吗?

1. 电阻点焊的特点是什么?
2. 电阻点焊的焊接原理是什么?
3. 电阻点焊的要素有哪些?
4. 电阻点焊如何操作?

第39天　车身塑料件的焊接

 学习目标

1. 了解车身塑料件的焊接原理。
2. 掌握车身塑料件的焊接方法。

 基础知识

一、车身塑料件的焊接原理

车身塑料件焊接应采用塑料焊枪（图9-42），塑料焊枪利用陶瓷或不锈钢加热元件来产生热空气，热空气的温度为230~340℃。热空气通过焊嘴吹到车身塑料件及焊条上，并使其软化。将熔化的塑料棒压入接缝即可。在焊接过程中，塑料的收缩量较金属大，因此焊接时应多留焊接余量。

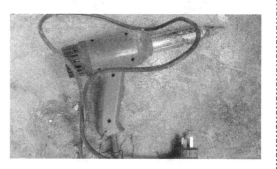

图9-42　塑料焊枪

二、车身塑料件的焊接方法

1)操作前检查塑料焊枪的焊嘴及枪身螺钉是否松动或脱落,电源线是否完好。然后将塑料焊枪接到220V电源上,如图9-43所示。

2)使用塑料焊枪时必须轻拿轻放,以免碰坏焊枪内的耐热陶瓷条。

3)焊接过程中,焊嘴和枪头部位不要过于靠近人体、衣物及塑料焊枪电源线,以免烫伤自己或烧熔电源线。

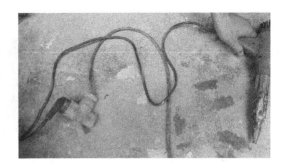

图9-43 检查塑料焊枪

4)严禁将塑料焊枪用作电吹风,或做其他用途。

5)必须根据塑料钣金件的厚薄和塑料焊枪的功率大小,随时调节稳压器,确保热空气在230~340℃之间,严禁将塑料焊枪管烧得过热后进行焊接。

6)焊接过程中,如塑料焊枪出现异响等现象,则应立即关闭或切断电源。

7)焊接完毕时,必须按照正确的操作顺序关闭焊枪。将塑料焊枪轻放到工作台上,避免枪头与塑料钣金件及电源线接触。将调压器调到零位,保持足够的冷却时间,以免损坏塑料焊枪。

8)待塑料焊枪冷却后切断电源,清扫工作场地,把所有工具及材料放好。

实际操作

以塑料钣金件凹陷修补焊接为例,车身塑料件的焊接方法如下:

1. 焊前准备

1)清洗塑料钣金件表面的油污,将破裂的部位修剪成V形坡口,如图9-44所示。

2)当塑料钣金件的变形与断裂并存时,应先进行热矫正。

修整成V形坡口

图9-44 处理V形坡口

2. 焊接开始

1)将焊接温度调到适当值。

2)选取与塑料件匹配的焊条及焊嘴。

3)如图9-45所示,焊接开始时,焊嘴与塑料件表面平行,焊嘴离焊缝12~13mm,塑料焊枪倾角为30°。焊条垂直于塑料件(倾角为90°),焊条置于焊缝起点,同时将焊条压进 V 形焊缝坡口，通过调节加热量来调节焊条熔化速度。

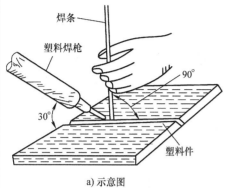  

a) 示意图　　　　　　　　b) 实物图

图 9-45　塑料焊枪、焊条及塑料件关系

裂缝的焊接

4) 正常焊接阶段，一只手向焊条施加压力，同时用塑料焊枪的热量对焊条和塑料件进行加热，并保持扇展动作，使其保持平衡。

5) 需要另接一根焊条时，应在焊条不够连接且不太短前停止焊接。随后将焊条和塑料件之间的接触快速切断。新焊条也应切成 60°，以保持接合处平滑过渡。

3. 焊接检查

沿接触面两侧的焊条应与塑料钣金件完全熔合，如图 9-46 所示。焊条不应比焊接前长或粗，良好的焊缝的两侧应出现小流线或波纹，这说明压力和热量适当，焊条与塑料钣金件完全熔合。

4. 焊接结束

1) 焊接后冷却固化 30min 左右。

2) 打磨整平焊缝，达到适当形状，如图 9-47 所示。

砂轮机打磨焊条

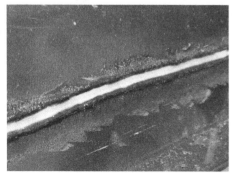 

图 9-46　焊缝检查　　　　　图 9-47　打磨整平焊缝

你学会了吗?

1. 车身塑料件的焊接原理是什么?
2. 如何焊接车身塑料件?

第十章
钣金件修复技巧必知必会

第40天　车身修复方法和技巧

学习目标

1. 了解车身伤痕的修复方法。
2. 掌握车身凹凸的修复技巧。
3. 熟悉车身锈蚀的修补技巧。

基础知识

一、车身伤痕的修复方法

日常使用中的磕碰会给汽车车身带来大大小小的伤痕。无论伤痕大小，都会给车身漆面造成不同程度的损伤，伤痕主要有线状、点状和片状，而修复方法主要根据车身的损伤情况确定。

1. 细小伤痕修复方法

如果发现车身有细小伤痕，则可用抛光剂处理，以直线方式擦拭，待划痕消失后，再打上蜡，如图10-1所示。

2. 一般伤痕修复方法

车身伤痕只在表面，且没有看到车身金属就不会氧化生锈，用修补笔尖一点一点将表面漆涂上，如图10-2所示，待漆面干后用抛光蜡抛光即可。

3. 较深伤痕修复方法

车身出现较深伤痕且能看到车身金属生锈时，修复过程中应先除锈，然后涂上防锈漆，待漆干后填补腻子，使腻子完全进入漆层内部，如图10-3所示。涂上表面漆并上蜡，最后抛光即可完成。

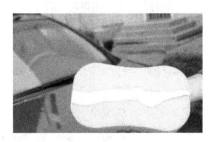

图10-1　细小伤痕修复

图 10-2 一般伤痕修复

图 10-3 较深伤痕修复

二、车身凹凸的修复技巧

当车身覆盖件局部受到外力碰撞挤压后,就会发生凹凸、翘曲等伸胀变形,其中伸胀部分厚度变薄,面积增大。为了使变形的部件恢复到原来的形状,需要采用热矫正法使伸胀的部分收缩,具体的操作方法如下:

1) 首先利用焊炬火焰将伸胀中心加热至缨红色(图10-4),但注意不要将车身覆盖件熔化或烧穿,加热范围的大小根据伸胀程度确定,伸胀程度大,加热范围大;伸展程度小,加热范围就小。

2) 如图10-5所示,加热后急速敲击缨红色区域的四周,并逐渐向加热点的中心收缩,迫使金属组织收缩。敲击时应用合适的垫铁垫在部件敲击处背部,然后用铁锤轻轻敲击整平。敲击的力量要适度,敲击过重会使已经收缩的部分重新变得松弛。

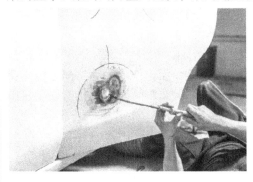
图 10-4 用焊炬火焰加热

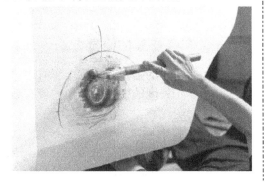
图 10-5 敲击整平

三、车身锈蚀的修补技巧

车身钣金件油漆脱落或受水汽侵蚀后,车身内外表面防护层会被破坏,使车身逐渐锈蚀。进行修理时,首先用钢丝刷(或砂纸)将损坏部位的漆面除掉,再根据损坏程度决定是更换整块钣金件还是修复损坏部分。如果损坏比较严重,则最好进行整块更换。如果损坏较轻,则需将该部位挖去,以相应的新件用焊接的方法镶补修复,即运用挖补技术修复车身锈蚀。

1. 挖补技术的优点

挖补工艺是车身钣金维修作业中最基本的工艺之一，它具有以下优点：

1）挖补后的钣金件形状准确，质量较高。

2）不易积存泥水，不会很快锈蚀，使用寿命长。

3）焊缝接口平整，修缝及矫正方便。

4）整个构件表面光洁，便于两面上油漆。

5）对由应力集中引起的钣金件损伤，挖补后能消除或部分消除应力。

2. 挖补技术的工艺

（1）根据损伤程度确定挖补范围

如图10-6所示，钣金件的锈蚀损坏主要发生在钣金边缘转折部位，或两块钣金件的接合部位，这些部位易于积存泥水或有应力集中。修理前，先检查钣金件的损坏部位及程度，确定挖补的范围，具体原则为：

1）在确保有效去除锈蚀部位的前提下，使挖补范围尽可能缩小，以减少焊接变形。

2）在挖补部位的切除线之间，避免有尖角存在，而应以圆弧曲线过渡，防止尖角处应力集中，导致裂纹产生。

图10-6　确定损伤程度

3）为方便焊接及矫正，切除部位的切除线，应避开加强腹板和棱筋线，若无法避开这些部位，则必须扩大挖补范围。

4）在条件允许时，挖补部位应考虑焊接、矫正的便利性。

（2）按挖补范围制下料件

对于构件几何形状较复杂，几何作图又较麻烦的构件，可在构件上制出下料件样板。对于形状较简单且规律的构件，可直接在板料上画线，然后切割，如图10-7所示。若镶补件边缘有折边、卷边，则切割时必须留出加工余量。

图10-7　切割下的料件

（3）加工成型

将下料件按有关钣金成型的加工工艺制作成镶补件，使其与待切除部位表面形状完全吻合，如图 10-8 所示。镶补件部位的边缘有折边或卷边时，先制作所需的几何形状，再折边或卷边。对于几何形状较复杂，且不易与原部位吻合的物件，可先放出加工余量，待焊接矫正后，再按原构件的形状进行折边或卷边。

图 10-8　制作镶补件

（4）切除损伤部位

1）将镶边补件按原定位置贴靠、夹紧，划出切除部位边缘线。若切除范围较大，则可先用焊炬或割炬沿切除线内的较小范围进行切割，如图 10-9 所示。

图 10-9　切除损伤部位

2）用钣金剪沿切除线剪切。

3）用锉刀修正切除线。修正后，镶补件与切除线之间的间隙不应大于 1mm，以避免焊接时产生收缩变形。

（5）焊接

先在对接好的缝口，按 30mm 左右间距定位焊接镶补件。经过 1 次敲击整平后，再顺次施焊，如图 10-10 所示。施焊时，焊接方向由内向外，从右向左，分段进行。优先采用 CO_2 气体保护焊。

（6）整平焊缝

如图 10-11 所示，用钣金锤敲击整平焊缝，以消除焊缝及四周的焊接应力。

（7）修磨平镶补件

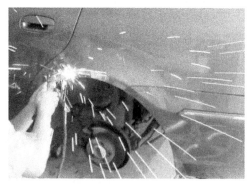

图 10-10　用 CO_2 气体保护焊焊接镶补件

如图 10-12 所示，用磨光机按照规定的操作程序修磨平镶补件。

图 10-11　用钣金锤敲击整平焊缝

图 10-12　修磨平镶补件

3. 挖补技术的要求

1）修复后的钣金件应恢复原来的几何形状和尺寸，并准确定出连接栓孔的位置，防止螺栓孔错位，无法安装修复后的钣金件。

2）挖补修理后的钣金件应表面平整，圆弧光滑过渡，焊缝牢固，无假焊、脱焊、漏焊和气孔等现象。

3）修复后的钣金件必须保持原构件的刚度和强度。

4）制作的镶补材料应与原构件材料的厚度和成分一致。

5）对几何形状复杂的构件，在挖补前先制作标准样板，并在修理过程中随时用样板检验。

6）挖补范围不宜超过整个构件面积的 1/3，若超过 1/3 则应整体更换。

你学会了吗？

1. 车身伤痕修复方法有哪些？
2. 车身凹凸如何修复？
3. 挖补技术有哪些优点？
4. 挖补技术的工艺有哪些？
5. 挖补技术有哪些要求？

第41天　车身表面凹坑的修复

学习目标

1. 了解各种车身表面凹坑的特点。
2. 掌握各种车身表面凹坑的修复方法。

**基础知识**

一、车身表面小坑的修复

1. 小坑的特点

小坑是车身钣金件缺陷中较为常见的一种，主要指面积不大，深度也比较浅的坑，如图 10-13 所示。相比其他类型的缺陷，小坑消除也较为容易。

2. 小坑顶起操作

1）根据小坑所处的位置，选择形状、大小合适的小型撬棍。

2）如图 10-14 所示，将撬棍伸入车身内，用较小的力在外板内侧来回轻轻滑动，力的大小以不使钣金件凸起变形，而在外面又能看到撬棍头部的滑动位置为准。注意观察撬棍头部的位置，逐渐将撬棍头部对准小坑的最低点，然后向上顶起。

图 10-13 小坑的形状　　　　图 10-14 用撬棍顶起小坑

3）顶起时，目视小坑顶起的幅度，凸出部位刚刚超过钣金基准面时停止施力。用撬棍顶起坑是钣金修复法中最快捷、有效的技术之一，操作时要求着力点准确，力量恰当。

3. 小坑拔起操作

对于一些撬棍顶不到的缺陷位置，如车身上双层板或多层板的部位，可采用拔坑器修复，如图 10-15 所示。具体操作如下：

1）操作前，检查电极头是否清洁，清除氧化层。若不清除氧化层，则会导致焊接不良，焊点无法承受将坑拉起的拉力。对小坑表面也要进行清洁，防止因存在油污而发生"炸点"事故。

2）将拔坑器的搭铁线搭接在缺陷钣金件的非表面位置，注意一定要导电良好。使拔坑器的电极头保持垂直状态，顶在小坑的中心位置上，按下按钮接通电流，使电极头焊接到金属表面。

3）用合适的力延垂直方向缓慢将小坑拔起到略高于基准面的状态，然后沿轴线方向旋转，使电极头脱离金属板（此时如果脱离轴线，则会导致焊接处变形）。

图 10-15 用拔坑器修复

二、车身表面漫坑的修复

1. 漫坑的特点

漫坑通常指坑的面积比较大,但不是很明显且没有死点,一般是在车身调整过程中引起的,如图 10-16 所示。

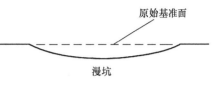

图 10-16 漫坑的形状

2. 用扁形头撬棍顶起漫坑

修复漫坑时,应根据其形状采用不同的方法进行修复。漫坑为圆形时,要从中间向周围分散修复,顶起时采用交错梅花点的点位修复。如果从周围向中间修复,则修复到最后,中间点的位置容易因应力而产生死点。漫坑为长条状时,修复过程中要先定准基准面,并保持与基准面一致。通常选用扁形头撬棍修复,如图 10-17 所示。

3. 校正漫坑

用撬棍和拔坑器修复漫坑的要点是相同的。修复漫坑时,需要多次用力顶坑(或拉拔)。采用顶坑方式时,先顶坑的最深处,顶起的幅度不要过大。然后选择新生成的坑最深处,逐渐地将漫坑处恢复到原尺寸状态,如图 10-18 所示。

注意:每次顶坑时不能用力过大,顶起即可,否则会使该区域产生不规则的波浪形。金属板材承受多次反复高低变形后,板材晶体会发生较大的损伤且难以修复。

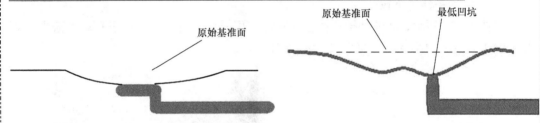

图 10-17 用扁形头撬棍顶起漫坑   图 10-18 将圆形头撬棍顶在最低凹坑处

三、车身表面死点坑的修复

1. 死点坑的特点

死点坑的面积通常较小且较深,底部尖,如图 10-19 所示。如果修复时方法不当,则会使待修复面积越来越大,或在死点处修漏。这类坑修磨不良,会导致钣金件报废。

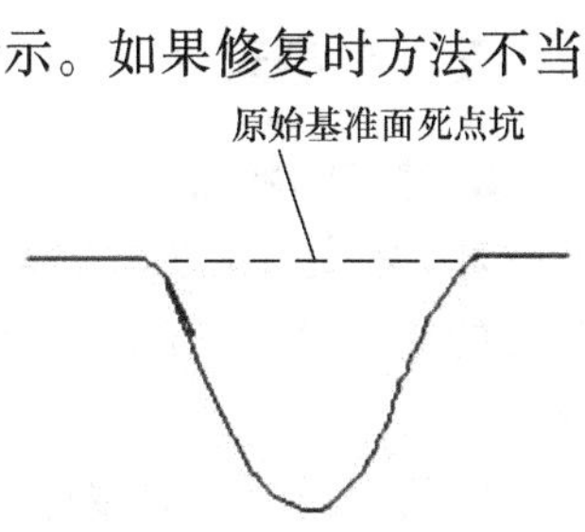

2. 用圆形头撬棍顶起死点坑

对于死点坑应采用撬棍修复,根据其具体情况选择不同型号的撬棍头部尖角。顶坑时,撬棍头部顶住坑底部的最低点,即尖部,如图 10-20 所示。

图 10-19 死点坑的形状

3. 校正死点坑

坑尖处隆起后,有时周边会出现凹坑,需要再顶周边的坑,如图 10-21 所示。依次操作,每次顶起幅度不要过大。最后,恢复到原始设计尺寸即可。

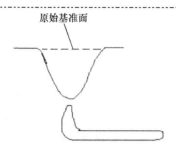
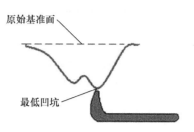

图 10-20 死点坑尖部　　　　图 10-21 顶周边的坑

四、车身表面小包的修复

1. 小包的特点

与原始基准面相比，凸起较小，且无尖点，且头部较圆滑的包称为小包，如图 10-22 所示。

2. 用垫铁修复小包

如图 10-23 所示，将垫铁垫在钣金件的小包底部，再用钣金锤敲击包的顶部，把包敲击至与原始基准面一致。敲击过程中，不要使钣金件产生塑性变形及硬化现象。

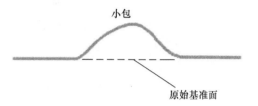

图 10-22 小包的形状

3. 用铁冲子修复小包

如图 10-24 所示，将铁冲子顶在包的顶部，用撬棍或打板敲击冲子顶端。敲击过程中，敲击力度要由小变大，使小包逐渐消失。

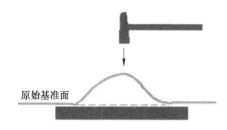

图 10-23 钣金锤敲击包的顶部　　　　图 10-24 用铁冲子将小包敲平

五、车身表面漫包的修复

1. 漫包的特点

面积较大，无尖点，起伏弧度较大的包称为漫包，如图 10-25 所示。

2. 用尼龙板修复漫包

在漫包的修复过程中，通常采用尼龙板、尼龙冲子、钣金小尼龙锤、垫铁和一些打磨工具，如图 10-26 所示。由于漫包的起伏面积较大，可将尼龙板置

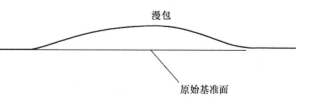

图 10-25 漫包的形状

于包的顶部，用小尼龙锤轻轻敲击尼龙板。尼龙板的宽度要根据包的面积大小来确定。包的面积较大，则板的宽度应大一些；反之，则板的宽度就小一些。敲击时，板的宽度过大，容易造成钣金件漫包及其周边整体下降，形成大坑；钣金件宽度过小，容易产生多个长条坑，形成钣金波浪。

3. 校正漫包

第一次敲击后，包顶部略低于周边而高于钣金件基准面时，应在另一个后形成的小包处（此小包与其他处相比为最高点）采用尼龙垫板配合小锤进行敲击，如图10-27所示。依次敲击下去，直至漫包表面平整。但要注意，随着包的面积减小，应合理更换小型垫板。

图10-26 用尼龙板将漫包敲平

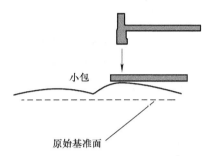

图10-27 尼龙板校正漫包

六、车身表面尖包的修复

1. 尖包的特点

与周围的基准面相比有一个较明显的凸起，凸起的面积小且有尖点，称为尖包，如图10-28所示。

2. 用尼龙棒尖修复尖包

如图10-29所示，将尼龙棒尖对准尖包的包尖，用小尼龙锤敲击尼龙棒端部，尖包的尖部下降后，会带动周围部分凹陷。

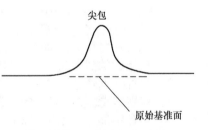

图10-28 尖包的形状

3. 校正尖包

不要顾及凹陷部位，要继续对尖包的顶部进行敲击，直至尖包恢复到与周围的基准面一致，如图10-30所示。

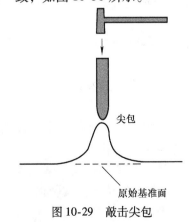

图10-29 敲击尖包

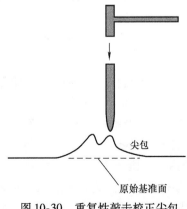

图10-30 重复性敲击校正尖包

你学会了吗?

1. 车身表面凹坑主要有哪几种?
2. 各种车身表面凹坑的特点是什么?
3. 各种车身表面凹坑如何修复?

第42天　车身塑料件的修复

1. 掌握塑料钣金件的损伤修复方法。
2. 掌握塑料钣金件孔洞、穿孔的修复方法。
3. 塑料件的粘结与修补。

一、塑料钣金件的损伤修复方法

1. 塑料件划痕和裂纹的修复方法

塑料件的划痕和裂纹通常采用黏结剂修复,其修复方法如下:

1) 用水和塑料清洁剂清洗待修理部位,对结合表面进行除蜡、脱脂处理。
2) 使用黏结剂之前,应将塑料件加热至20℃左右。
3) 将催化剂喷至裂纹一侧,然后在该侧敷好黏结剂。
4) 将划痕或裂纹两侧按原位置对好,迅速压紧,约1min后即可获得良好的黏结效果。
5) 使黏结部位硬化3～12h,以达到最大的黏结强度。

2. 塑料件擦伤、撕裂和刺穿的修复方法

1) 用有去除石蜡、油脂和硅树脂功能的溶剂浸湿干净的抹布,彻底清除损伤部位的污物,然后擦拭干净。
2) 将擦伤孔边6～10mm宽处磨削成斜面以便于黏结,磨削出粗糙表面有利于黏结。
3) 用精细砂轮削去修理部位边缘的油漆,除去孔边3cm左右表面的全部油漆,然后进行必要的清洁处理。
4) 对孔边进行火焰处理,改进黏结性能。喷灯火焰在斜面处不断移动,直到斜面处略呈棕色为止。
5) 用去硅树脂和去蜡剂清洗修理部位的背面,然后贴上带有强黏结剂的铝箔和能防潮的胶带,把孔完全覆盖住。
6) 按照说明准备黏结材料。多数黏结剂都分别装在两根管中。在一块金属板面或木板上分别挤出等量的黏结材料,将它们充分搅拌,混合均匀,待用。
7) 用刮板把混合好的黏结剂分两步填充到孔洞中:第一步填充孔底,第二步将孔洞填平,动作要快,因为这种黏结剂在2～3min内会固化。填充完毕,待其硬化1h后用粗细砂轮磨去表面的凸点,并清除修理部位的碎屑、灰尘等污物。

8）第二次用调好的黏结剂填满修理部位，用刮板刮平整形。待干固后用80号砂纸把周围修整出一个粗轮廓，然后用180号和240号砂纸打磨，对表面精修。如果出现高低不平或针孔，则可用填充剂填平。

9）用320号砂纸进行最后的精磨，打磨后清洁修理部位，做好涂面漆的准备。

二、塑料钣金件孔洞、穿孔的修复方法

1）用抹布和清洁剂进行表面清理，如图10-31所示。

2）如图10-32所示，用砂纸修光损坏部位，露出纤维玻璃夹层。用带真空吸尘附件的砂光机打磨，以降低灰尘。

图10-31 清洁表面

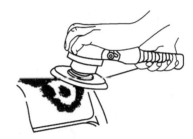
图10-32 修光损坏部位

3）研磨或锉平损坏部位边缘，使其形成一个盘形，如图10-33所示。盘形侧面应有斜面，以扩大黏结表面。

4）首先，用水基蜡或油脂清洗剂清理维修部位。然后，用抹布和压缩空气进行表面清理。最后，将维修材料涂在损坏部位，使维修部位比周围略高，如图10-34所示。

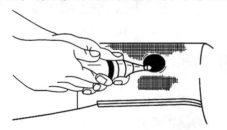
图10-33 修整损坏部位边缘

图10-34 涂维修材料

5）按制造商的建议使用加热风枪加速固化维修材料，如图10-35所示。

6）用砂轮或车身锉磨光塑料表面，如图10-36所示。

图10-35 固化维修材料

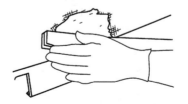
图10-36 磨光塑料表面

7）涂抹聚酯类材料使砂光面均匀，如图10-37所示。

8）如图10-38所示，涂底涂层并用砂光机修整表面。

图 10-37　涂抹聚酯类材料

图 10-38　修整表面

三、塑料件的粘接与修补

1. 维修前的准备

塑料件维修工具及材料包括热风枪、电烙铁、修补胶条、塑料黏结剂、塑料底漆及慢干稀释剂（图 10-39）、不锈钢修补网、塑料清洗液、原子灰、打磨机、砂纸、打磨块、剪刀等。热风枪主要用于加热塑料件使其恢复粘接性能或校正塑料件的变形；修补胶条或塑料黏结剂是配合不锈钢修补网进行保险杠孔洞修复的专用材料；塑料清洗液包含了清洁剂和去脂剂，用于清洁塑料表面的油脂及污物。

2. 塑料件粘接维修操作

1）加热损坏部位。首先用清水冲洗干净车身塑料件损坏的部位，然后用热风枪加热塑料件使其恢复粘接性能，如图 10-40 所示。

图 10-39　塑料底漆及慢干稀释剂

2）矫正损坏部位。如图 10-41 所示，一只手拿住热风枪继续加热塑料件的损坏部位，另一只手用螺钉旋具的手柄压住塑料件的损坏部位，让它们粘接在一起。

图 10-40　加热损坏部位

图 10-41　矫正损坏部位

3)固定硬化。如图10-42所示,用螺钉旋具的手柄继续固定住塑料件的损坏部位,让粘接部位硬化后即可松开。

4)冷却固化。如图10-43所示,当塑料件损坏部位粘接牢固后,立刻用自来水进行冷却,使塑料件恢复原来的塑性。

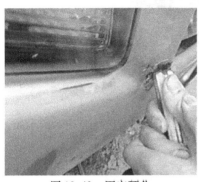

图10-42　固定硬化　　　　图10-43　冷却固化　　　　塑料件的粘接及冷却固化

5)打磨损坏部位。如图10-44所示,用打磨机打磨塑料件损坏部位,使其平整,注意打磨的面积不要过大,避免伤到车身其他漆面。

6)粗磨。如图10-45所示,使用打磨块和粗砂纸对塑料件损坏部位进行水磨,使其表面变光滑。

图10-44　打磨损坏部位　　　打磨损坏部位　　　图10-45　打磨块粗磨

7)细磨。如图10-46所示,使用细砂纸对塑料件损坏部位继续进行水磨。

8)检查光滑度。如图10-47所示,用手触摸塑料件损坏部位,当感觉光滑时可以进行下一步操作,否则应继续进行细磨,直到光滑为止。

图10-46　细磨　　　　用砂纸进行水磨　　　　图10-47　检查光滑度

9）填充原子灰。在塑料损坏部位上用原子灰进行填充（图10-48），使其恢复原来的形状。当原子灰完全干燥以后可以进行下一道喷漆即可完成塑料件的修补。

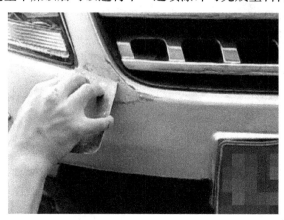

图10-48 填充原子灰

 你学会了吗?

1. 塑料件划痕和裂纹的修复方法是什么？
2. 塑料件擦伤、撕裂和刺穿的修复方法是什么？
3. 塑料件孔洞、穿孔的修复方法是什么？
4. 塑料件的粘接与修补方法是什么？

第十一章

车身钣金件更换与修复必知必会

第43天　更换后翼子板

学习目标

掌握后翼子板的更换流程。

实际操作

更换后翼子板的方法和操作流程如下:

1) 首先用卷尺按照要切割的尺寸在翼子板上画线,经观察比较无误后,用气动锯或砂轮机切割出一条标志线(图11-1),然后沿着标志线进行切割。C柱上部分切割量一般选择在车顶侧翼子板接近车顶200mm左右的地方,然后用点焊切割器去除焊点。

2) 在车门槛板靠近轮眉100mm左右的地方进行切割,切割的断口要比新件安装时的对缝多20mm左右的余量,如图11-2所示。然后分离后尾灯座,最后移走旧翼子板。

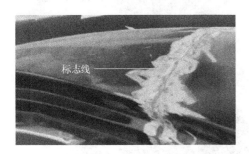

图11-1　割出标志线

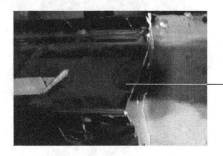

图11-2　切割的断口

3) 如图11-3所示,将后翼子板用压力钳将相邻构件的边缘夹紧,以使后翼子板在多处得到固定,最后确保下面的结构尺寸应符合标准值:

① 左、右后翼子板之间距离。
② 行李舱锁处至后风窗下横梁距离。
③ 左后门水平最大宽度。
④ 左后门C柱下部拐点处至左后灯安装处距离。
⑤ 左后门高度。

4）使用CO_2气体保护焊对门框外侧板连接处、后翼子板与内板连接处、后翼子板与行李舱盖边缘及顶框外侧板连接处、后翼子板与内外门槛连接处、后翼子板与后轮罩及连接板连接处、后翼子板与后围板连接处、后翼子板与后围板在行李舱内部分连接处、后翼子板与尾灯底板连接处等部位进行焊接，如图11-4所示。

图11-3 夹紧后翼子板　　　图11-4 焊接后翼子板　　　焊接后翼子板

5）如图11-5所示，用砂轮机将所有的焊缝打磨平整，便于下一步的刮腻子和喷油漆操作。

焊缝打磨平整

打磨后的焊缝

图11-5 焊缝打磨平整

你学会了吗？

简述后翼子板更换的操作方法。

第 44 天　更换后围板

 学习目标

掌握后围板的更换流程。

 实际操作

更换后围板的方法和操作流程如下：

1）首先去除后围板连接区缝隙的密封剂，然后用电钻钻开后围板与后翼子板的连接处、后围板与后翼子板在行李舱内部的连接处、后围板与后地板、后纵梁及后翼子板连接处等部位的焊接点，最后拆下后围板。

2）用砂轮机将后围板焊接处的表面进行打磨除锈，然后在焊接后不能再触及的部位涂一薄层防锈漆，防止金属钣金件发生锈蚀。

3）如图 11-6 所示，将后围板固定在合适位置，必要时进行定位焊，然后检查后围板下板 2 方孔中心距离、左、右后翼子板之间距离、行李舱盖与后围板配合间隙，确保位置准确无误后方可进行焊接作业。

图 11-6　定位后围板

4）如图 11-7 所示，使用 CO_2 气体保护焊焊后围板与后地板、后纵梁、后翼子板连接处，以及后围板与后翼子板在行李舱内部分的连接处、后围板与后翼子板在尾灯底板处的连接处等。

图 11-7　焊接后围板　　　　　　　　　　　焊接后围板

5）如图 11-8 所示，使用砂轮机将后围板焊缝打磨平整，打磨时要避免飞溅的火花灼伤人。

6）如图 11-9 所示，使用双锤敲击法对后围板及其他部位进行修整，使其恢复原来的形状。

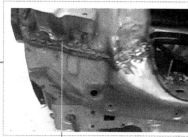

修整后的焊缝

图 11-8　修整焊缝　　　　　　　　　　　修整焊缝

7）如图 11-10 所示，在焊接连接的部位涂抹一层密封剂，然后在后围板外层涂防锈剂。

图 11-9　修整后围板及其他部位　　图 11-10　防腐处理　　修整后围板及其他部位

你学会了吗?

简述后围板更换的操作方法。

第45天 车门槛凹陷的修复

掌握车门槛凹陷的修复流程。

实际操作

修复车门槛凹陷的方法和操作流程如下：

1）首先将砂轮机倾斜一定角度，轻轻放于车门槛凹陷部位，然后将凹陷部位的旧漆层磨除，如图11-11所示。

2）如图11-12所示，利用车身外形修复机将波纹线与车门槛凹陷接触，然后用介子机呈90°进行焊接，焊接的波纹线应按照与预拉拔的角度进行焊接。

图11-11 打磨车门槛凹陷部位

图11-12 焊接波纹线

焊接波纹线

3）如图11-13所示，安装拉拔器的拉钩，将拉拔器的拉钩勾住波纹线，然后根据损伤程度来控制力量的大小进行拉拔。拉拔时如果力量太小，则起不到应有的效果；如果力量较大，则往往会造成凸起点较高，对后期的修平造成一定的难度。

a)将拉拔器的拉钩勾住波纹线

b)拉拔操作

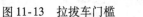
图11-13 拉拔车门槛

拉拔车门槛

4)如图 11-14 所示,使用钳子将波纹线从车门槛上取下,不要采取两边晃动的方法,否则将会导致车门槛变形。

5)如图 11-15 所示,使用砂轮机磨除焊接后留下的痕迹,然后检查车门槛是否平整。如果拉拔使车门槛凸起,则应用锤子对车门槛凸起的部位敲击使其达到平整。

图 11-14 拆卸波纹线

图 11-15 去除焊接后留下的痕迹

去除焊痕

 你学会了吗?

简述车门槛凹陷修复的操作方法。

第 46 天 车身侧板的修复

 学习目标

掌握车身侧板的修复流程。

 实际操作

以右后翼子板为例,修复车身侧板的方法和操作流程如下:

1)如图 11-16 所示,首先分析车身侧板的损坏程度,然后确定修复方案,如车身侧板变形拉复修复。

2)如图 11-17 所示,用砂轮机将车身侧板表面的漆层磨掉,主要目的是便于焊接拉环。

图 11-16 车身侧板变形

图 11-17 磨掉车身侧板表面漆层

打磨掉焊接拉环位置的漆层

3）如图11-18所示，使用CO_2气体保护焊焊接上拉环，然后用手拉伸拉环来测试其是否牢固。在测试过程中，要避免在拉伸时拉环瞬间从焊接点的位置脱落而造成人身意外的伤害。

4）如图11-19所示，用手拉葫芦的拉钩勾住拉环，同时尽量让拉钩和拉链及手拉葫芦保持平衡。

焊接拉环

图11-18　焊接拉环

拉钩勾住拉环

图11-19　拉钩勾住拉环

5）如图11-20所示，用支撑钢铁将车身支撑牢固，然后慢慢拉动手拉葫芦让其校正车身侧板，拉伸时要一点一点地拉，避免拉伸过度造成其他部位变形。

6）如图11-21所示，校正后用锤击敲击车身侧板使其消除应力，避免松开手拉葫芦后，变形复位。

7）反向拉动手拉葫芦拉链，然后松开手拉葫芦，最后将拉钩取下并拆卸掉拉环即可，如图11-22所示。

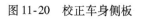

图 11-20　校正车身侧板　　　　　　　　　校正车身侧板

图 11-21　锤击敲击车身侧板　　　图 11-22　松开手拉葫芦　　　松开手拉葫芦

 你学会了吗？

简述车身侧板修复的操作方法。

第47天　车身结构件的修复

学习目标

1. 了解车身结构件的修复方法。
2. 掌握各种车身结构件的修复操作。

基础知识

一、车身结构件的修复方法

车身结构件指在车身上起到主要支撑及承载作用的构件，它是车身零部件的安装基础，常见于纵梁、横梁、门柱及下边梁等部位。这类构件通常具有非常高的强度，结构多为封闭式箱形截面。车身结构件受到外力作用发生变形时，会直接影响到车辆的使用性能。车身结构件的修复方法，就是通过一定的外力，将因事故损坏或疲劳损坏的部位矫正到车辆出厂时的技术状态的过程。

二、车身大梁的拉伸矫正与修复

1. 车身固定

将汽车驶上或推上平台，并将车身固定，使其停稳在校正仪平台上，如图11-23所示。

2. 拉伸部位的固定

固定拉伸部位前，应注意观察其内部加强板是否与外层钢板连接在一起。如果连接在一起则可直接拉伸；如果没有连接或连接的焊点很少，则应该采用打孔塞焊的方法将两者连接，或在焊接临时钢片（拉伸环）前，用磨光机小心翼翼地将拟焊接部位的外层以点或线的形式磨穿，直至露出内层加强板，以便焊接时将临时焊接钢片（拉伸环）与内层加强板牢固连接，如图11-24所示。

图11-23　固定车身

图11-24　焊接拉伸环

3. 开始拉拔

如图11-25所示，如果大梁朝外侧偏斜，则应朝前转一定角度后拉拔，同时要注意监测对角线的变化；如果大梁朝内侧偏斜，则应直接向前拉拔；如果大梁损伤严重，则应在对角线长度正确的点处把横梁和散热器上的固定板拆开，分别进行校正。

4. 安装与调试

如图11-26所示，修复大梁后进行试安装，如果有必要则应再次拉伸校正。

图11-25　开始拉拔

图11-26　安装与调试

三、立柱的拉伸矫正与修复

1. 拉伸车辆的准备

对于车身固定，应根据其结构和拉伸校正的需要来确定固定点。为使拉伸校正时的车身更加稳固、防止车身变形，并保护焊接点，有时需要另外再找出几处车身固定点，如图11-27所示。

2. 立柱底部的校正

如图11-28所示，先将夹持器或挂钩固定在立柱底部，然后边拉拔边对车身下部的每个尺寸进行检测，直到符合修复要求。

图11-27　拉伸车辆的准备

图11-28　立柱底部的校正

3. 立柱中部的校正

如图11-29所示，先将夹持器或挂钩固定在立柱中部，然后边拉拔边对车身中部的每个尺寸进行检测，直到符合修复要求。

4. 立柱上部的校正

如图11-30所示，先将夹持器或挂钩固定在立柱上部，然后边拉拔边对车身上部的每个尺寸进行检测,直到符合修复要求。

图 11-29 立柱中部的校正

图 11-30 立柱上部的校正

四、基座部位的拉伸矫正与修复

1. 向上拉伸

如图 11-31 所示,对于车身中垂直向下变形的结构件要向上拉伸。进行向上拉伸的操作时,车身其他结构件也会受到不同程度向下的反作用力。矫正过程中,应十分注意部件承受能力,一方面要选择变形开始的过渡点作为支撑点,另一方面还要兼顾其他结构件强度的大小。必要时,应加垫木块以减小压强,否则有可能造成车身结构件损坏,并且达不到矫正变形的目的。

2. 向下拉伸

如图 11-32 所示,对于车身中垂直向上变形的结构件要向下拉伸。进行向下拉伸的操作时,车身其他结构件也会受到不同程度向上的反作用力。矫正过程中,应十分注意部件承受能力,一方面要选择变形开始的过渡点作为支撑点,另一方面还要兼顾其他结构件强度的大小。必要时,应加垫木块以减小压强,否则有可能造成车身结构件损坏,并且达不到矫正变形的目的。

图 11-31 向上拉伸

图 11-32 向下拉伸

3. 侧边拉伸

如图 11-33 所示，矫正时，可先用拉链将变形部位拉紧。操作时，要反复矫正、反复测量，避免发生矫正过度现象。为防止损伤支撑或牵引部位的结构件，矫正时可在受力部位垫上木块或金属衬垫。

图 11-33　侧边拉伸

五、横梁部位的拉伸矫正与修复

1. 拉伸准备

如图 11-34 所示，将车辆固定到移动式矫正平台上，然后调整车辆水平位置并安装拉链。

2. 拉伸操作

如图 11-35 所示，根据受力情况进行拉伸并随时调整方向，直到拉回原位，最后进行整平即可。

图 11-34　拉伸准备

图 11-35　拉伸操作

你学会了吗？

1. 车身结构件的修复方法有哪些？
2. 各种车身结构件的修复方法如何操作？

第48天　铝车身的修复

学习目标

1. 了解铝车身的损坏类型。
2. 掌握铝车身的各种修复方法。

基础知识

一、铝车身损坏类型

1. 可修复的铝车身钣金件

可修复的铝车身钣金件方法分为三种，具体如下：

1）对于铝车身钣金件平面上的凹痕，可采用拉拔修复法。
2）对于延伸到铝车身钣金件拐角部位的弯曲变形，可采用敲击修复法。
3）对于铝合金内板上的变形，可采用加热修复法。

2. 不可修复的铝车身钣金件

对于无法修复的铝车身钣金件，必须进行更换处理。

二、拉拔修复铝车身

对于铝质车身的凹陷部位，可以采取拉拔法来修复，拉拔时要根据受力点和方向及损坏的程度来判断出力的大小，不要使其每次升起得太多，以避免拉伸铝材。

1）首先使用砂轮机将铝车身钣金件的损坏部位的油漆层打磨干净，然后使用强力铆钉枪将铆钉焊接在凹陷部位，此时在铆钉中穿入一根铁丝或等同的工具，最后将强力拉拔工具安装到铝质车身的凹陷部位，如图11-36所示。

2）如图11-37所示，拉拔时要一点点地拉出，同时一边使用热风枪加热损坏部位，一边慢慢操作拉拔器将凹陷拉拔复位。如果拉起了凸点，则使用锤子敲击平整即可。

图11-36　安装强力拉拔工具

图11-37　拉拔复位

三、加热修复铝车身

1. 加热操作

如图 11-38 所示,用燃气喷灯均匀地加热铝合金钣金件损伤的弯曲部位,因为加热温度超过 250℃时,铝合金钣金件的屈服强度非常弱,容易加工。但要控制温度不能过高,否则会导致铝合金钣金件因受热过度而熔化、穿孔。

2. 敲击操作

待铝合金钣金件加热后立即用锤子敲击,使其恢复原状态,如图 11-39 所示。

图 11-38 加热操作

图 11-39 敲击恢复原状态

实际操作

一、侧围的拆卸

侧围的拆卸,如图 11-40 所示。主要步骤如下:
1)拆卸后保险杠。
2)拆卸后风窗玻璃。
3)拆下行李舱盖铰链。
4)拆卸 B 柱、C 柱内侧装饰板。
5)拆卸燃油加注口盖组件。
6)拆卸车身各处铆钉等,最后取下损坏部件。

二、侧围的安装

图 11-40 侧围的拆卸

1)如图 11-41 所示,用砂轮机修整侧围板与侧围加强板所有接合处的凸缘表面,去除表面油漆,打磨至金属裸露。

2)涂抹高强度结构胶,然后用胶刮板将结合面的胶层刮平,如图 11-42 所示。

3)立刻将侧围板安装并固定到位,如图 11-43 所示。

4)如图 11-44 所示,用铆钉进行固定,但要根据钣金件的厚度选择合适长度的铆钉。

图 11-41　用砂轮机修整侧围板

图 11-42　用胶刮板将结合面的胶层刮平

图 11-43　安装侧围板

图 11-44　用铆钉进行固定

 ▶你学会了吗？

1. 铝车身的损坏类型有哪些？
2. 如何拉拔修复铝车身？
3. 如何用锤子和顶铁修复铝车身？
4. 如何加热修复铝车身？

第十二章

汽车喷涂前工序必知必会

第49天　车辆的清洗与评估

　学习目标

1. 熟悉车辆的清洗方法。
2. 掌握涂料与底材的评估方法。

　基础知识

一、车辆的清洗

对车身的某一块钣金件或钣金件的某一部分进行喷涂前，首先要彻底清洗整车上的泥土、污垢和其他异物，尤其要注意门边框、行李舱、发动机舱盖缝隙和轮罩处的污垢。如果不清除干净，新油漆的漆膜上就可能会沾上很多污点。一般先用纯净水冲洗，再用车辆清洗剂清洗，最后用水彻底冲净，如图12-1所示。整车清洗步骤如下。

（1）冲车

图12-1　车辆的清洗

车辆驶入洗车工位停放平稳并关好所有车窗玻璃及车门后，用高压清洗机冲去车身污物，顺序为自上而下。整个过程中始终由一个方向向另一边的斜下方冲洗，尽量避免正向或反向冲洗，以免将泥沙冲回已经冲洗干净的部位。

(2) 擦洗

用泡沫清洗机将清洗剂与水混合变成泡沫，并在高压下将泡沫均匀喷到车身外表面上。浸润几分钟后，依靠泡沫的吸附作用，使清洗液充分地渗透到车身表面的污垢中。最后用洗车海绵擦拭车身表面泡沫，按照从上到下的顺序擦洗车身。

(3) 冲洗

擦洗完毕后，开始冲洗车身，顺序同冲车一样，将车身上的泡沫和污垢冲干净。

二、涂层与底材的评估

涂装修补前须对原涂层的涂料和底材进行准确评估和判别，并以此为根据，选用合适的操作工艺和适当的修补材料。

1. 涂层的评估

如图 12-2 所示，首先打磨需要修补部位的某一边缘，直到露出金属，然后评估汽车是否经过重新喷涂。涂层的判别方法如下：

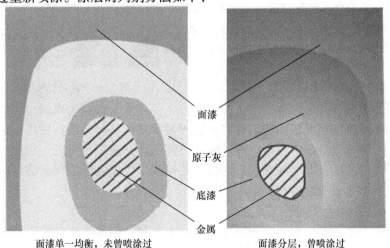

图 12-2 喷层的判别方法

(1) 视觉检查法

视觉检查法即通过仔细观察，根据不同涂料的不同特征进行判断。

(2) 涂抹溶剂法

涂抹检查法即用普通硝基稀释剂在原涂层上进行涂抹擦拭，通过观察有无溶解现象判别原涂层是否为溶剂挥发干燥型涂料。

(3) 加热检查法

加热检查法用来判别原涂层是热固性还是热塑性。

(4) 硬度测定法

由于各种面漆干燥后漆膜的硬度不同，大体上看双组分漆和烘干漆硬度较高，而自干漆硬度较低。

(5) 厚度测试法

各种面漆因性质不同,其涂层厚度也不同,因此可通过用厚度计测定漆膜厚度来判定面漆的大致类型。

(6) 电脑检测仪法

利用电脑调色系统可直接获得原车面漆的有关资料,这是目前涂装行业中普遍使用的检测方法。此方法方便快捷,只需将原车车身加油口塞取下来,利用仪器很快就能准确无误地判别面漆的类型。

2. 底材的评估

对不同的底材,在进行修复和喷涂时必须采用不同的操作。在施涂原子灰或侵蚀性底漆时更应对底材有准确的判断,正确地选用涂料和施工工艺。目前,车身的钣金件材料主要有钢板、镀锌板、铝及铝合金。

(1) 钢板的判断

钢板机械强度较高,表面比较粗糙,未经加工的表面一般呈灰黑色,有些部位会有铁锈。钢板表面经过粗糙砂纸打磨后会显露出白亮的金属光泽,但从侧面观察,颜色会变暗。钢板的耐强碱侵蚀能力较强,使用强碱对经过打磨后的表面进行浸润或涂抹一般不会出现太大反应。发动机舱部位的车身钢板,如图 12-3 所示。

图 12-3 发动机舱的车身钢板

(2) 镀锌板的判断

钢板表面经热浸涂或电镀的方法镀一层锌,可以大大提高表面的防腐能力。未经加工的镀锌板表面常有银色光芒,有些镀锌板表面有鱼鳞状花纹。使用中的镀锌板表面没有锈渍,裸露处常呈灰白色,经过砂纸打磨的地方比钢材表面更加白亮,且侧光时变暗的程度也要轻一些。镀锌板不耐强碱的侵蚀,使用强碱浸润或涂抹时多会留下发黑的痕迹。镀锌铁合金钢板,如图 12-4 所示。

(3) 铝及铝合金的判断

铝的机械强度较低,汽车上一般使用铝合金板材。铝合金板材的机械强度较好且较轻,钣金件表面比钢板和镀锌板都要光滑,不耐强碱,经处理后表面形成氧化膜,打磨后可显露白亮的内层金属。通过打磨后涂抹强碱的方法,可以较准确地区分铝及铝合金。奥迪 A8 铝合金侧围加强板,如图 12-5 所示。

图 12-4 镀锌铁合金钢板

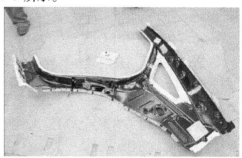

图 12-5 奥迪 A8 铝合金侧围加强板

你学会了吗?

1. 整车清洗步骤有哪些?
2. 涂料的判别方法有哪些?
3. 底材如何评估?

第50天　金属表面的处理

学习目标

1. 掌握金属表面的脱脂操作方法。
2. 掌握金属表面清除旧漆的操作方法。
3. 学会金属表面的除锈操作方法。

基础知识

一、金属表面的脱脂处理

1. 有机溶剂脱脂法

石油溶剂（汽油、煤油、柴油）、松节油、甲苯、四氧乙烯等均为常用的有机除油溶剂。操作时一般采用刷洗法，如图12-6所示。

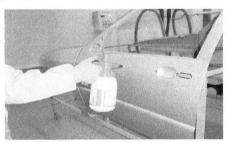

　　喷除油剂　　　　　　　　刷洗表面

图12-6　刷洗法清除油脂

2. 碱液脱脂法

碱液脱脂法主要通过皂化作用将油脂除去。清洗不能皂化的矿物油时，靠表面活化剂的作用帮助脱脂。碱液除油一般适于钢铁材料，常采用浸渍、刷洗或喷射方法，除油后必须用流动的清水把钣金件表面残留的碱液冲洗干净，以免影响漆层质量。

化学碱液是由一定比例的碱和碱性盐类，以及一些表面活性物质溶解在水中组成的。常用的碱和碱性盐类包括氢氧化钠、碳酸钠、磷酸三钠、硅酸钠、正硅酸钠、偏硅酸钠。

3. 乳化脱脂法

乳化脱脂法指在有机溶剂中加入一种或数种表面活性剂，或再添加弱碱性清洗剂组成一种混合液。将这种混合液喷射到被洗物上时,溶剂会浸透油脂层使油脂微粒化,而表面活性剂使油脂微粒乳化分散在水中,从而达到除油的目的。

4. 金属清洗剂脱脂法

金属清洗剂脱脂法有阴离子型和非离子型表面活性剂等类型,对不同类型的油污去除率也不尽相同,各修理厂应根据实际情况进行选择。

5. 清洗除油方式及材料选择

1)根据钣金件形状、油污轻重选择清洗方式(喷、浸及喷浸结合法)。

2)根据钣金件材质选择清洗剂(锌、铝、镀锌钢板不适合用碱性清洗剂)。

3)根据钣金件上污垢物质的类型。矿物油用乳化清洗剂,采用喷或喷浸结合法。动植物油用强碱性清洗剂较好。

4)乳化清洗特别适于要求快速清除表面油污,以及要求留有轻微薄膜做临时防锈的钣金件。

5)脱脂后的处理。强碱型清洗剂对黑色金属表面有钝化作用,使磷化处理难以进行,需用表面调整剂进行调整处理。

6. 脱脂效果检查及解决办法

检查脱脂效果的方法有很多,如目视法、擦拭法、水浸润法、接触角法、硫酸铜法、残留油脂质量法、比色法、荧光法、红外分光法等。最常用的是水浸润法,即观察脱脂水洗后的表面水膜连续完整情况。充分脱脂的表面,其水膜应连续完整,无水珠悬挂。在磷化条件正常的情况下,观察磷化膜也可检查脱脂效果,只有无油污的金属表面才能形成外观完整的均匀磷化膜,任何清洗方面的不足都会立即暴露出来。

脱脂的实际应用中常遇到的问题及解决办法见表12-1。

表12-1 脱脂问题及解决办法

现象	原因及解决办法
脱脂效果不佳	①脱脂剂选择不当,更换脱脂剂 ②脱脂时间太短,延长脱脂时间 ③脱脂温度偏低,提高温度 ④脱脂浓度偏低,提高浓度至工艺范围 ⑤喷射压力低,提高喷射压力 ⑥喷嘴堵塞,流量不足,定期清理喷嘴 ⑦浸渍脱脂的机械作用力小,用泵循环工作液或摇动零件 ⑧工作液中含油量太高,更换槽液,并使槽液中油的质量分数小于0.4% ⑨脱脂后水洗不彻底,加强水洗,水洗水用连续溢流
工作液泡沫多	①温度太低,提高温度至规定范围 ②循环泵密封处因磨损而进空气,更换泵的密封材料 ③脱脂剂选择不当,更换脱脂剂
水洗槽液泡沫多	①水洗槽溢流量太小,加大溢流量 ②循环泵密封处因磨损而进空气,更换泵的密封材料
水洗槽碱度过高	①碱槽向水洗槽窜溶液,改造设备,避免窜液 ②零件带太多的碱液入水洗槽,改变装挂方式,或延长滴液时间 ③水洗槽的溢流量太小,加大溢流量
钣金件水洗后生锈	①工序间隔时间太长,工序间增加喷湿 ②零件停在水洗段时间过长,钣金件不允许在此长时间停留

二、清除金属表面的旧漆

1. 手工清除旧漆

手工清除旧漆主要是将铲刀的刀尖部插入剥离层间或缝隙处,然后一块一块地铲掉旧漆膜,如图12-7所示。

2. 打磨机清除旧漆

打磨机清除旧漆即用打磨机将小面

图12-7　用铲刀铲掉旧漆膜

积的旧漆膜剥离。打磨机在剥离涂膜作业时,如果使用硬打磨头,则要与涂膜表面保持平行(图12-8a),否则会在金属表面留下划痕;如果使用软打磨头,则应采用如图12-8b所示的方式与涂膜表面接触。打磨机清除旧漆的方法如下:

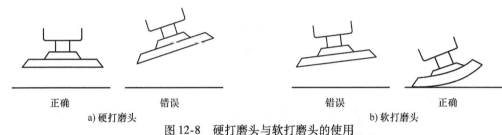

图12-8　硬打磨头与软打磨头的使用

1)穿戴好安全劳保用品。

2)戴好手套,然后轻轻地摸一遍待打磨表面,这样有助于钣金工决定如何进行打磨。

3)握紧打磨机,打开开关并将其以5°~10°角移向待清除钣金件表面,如图12-9所示。

4)使打磨机向右移动,打磨机叶轮左上方的1/4对准加工钣金件表面,如图12-10所示。

图12-9　打磨机的操作

打磨旧漆层

5)打磨机从右向左移动时,叶轮右上方的1/4对准待加工钣金件表面,如图12-11所示。

6)较为平整的表面打磨移动方式,如图12-12所示。

7)较小凹穴处的打磨移动方式,如图12-13所示。

8)边缘的表面打磨移动方式,如图12-14所示。

图12-10　打磨机向右移动的操作

图12-11　打磨机向左移动的操作

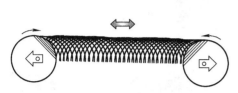
图 12-12 打磨较为平整表面时的移动操作

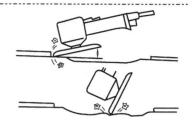
图 12-13 打磨较小凹穴的操作

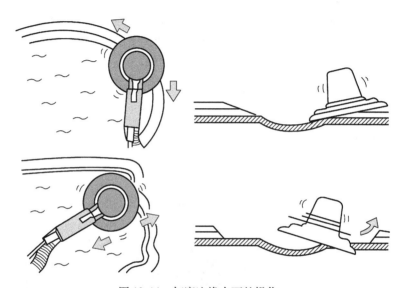
图 12-14 打磨边缘表面的操作

9）打磨后检查磨料是否清洁，这是保证打磨效果最有效的办法。如果磨料被塑料密封胶粘黏，则应及时用毛刷、钢丝刷或气枪进行清除。

三、金属表面的除锈

1. 手工除锈法

手工除锈主要依靠铲刀、刮刀、钣金锤、钢丝刷、砂布、断锯条等工具，用手工敲、铲、刮、刷或柔性锉的方法来消除表面锈垢、氧化层等。这是喷漆传统除锈方法，也是最简便的方法。但是由于劳动强度过大且工作效率低，只适合小范围的除锈处理。

2. 机械除锈法

机械除锈主要是利用一些电动或气动工具来达到清除铁锈的目的。常用的电动工具有电动刷和电动角磨机，气动工具有气动刷等。电动刷和气动刷利用特制圆形钢丝刷的转动，靠冲击和摩擦把铁锈或氧化皮清除干净，特别适于除去表面浮锈，但对较深的锈斑效果不佳。

如图 12-15 所示，电动角磨机实际是手提砂轮机，它利用砂轮的高速旋转除去铁锈，且可用于机械脱漆，效果较好。特别对较深的锈斑，具有工作效率高、施工质量较好、使用方便等优点,是一种理想的除锈工具。但操作中必须注意,不要把钣金件磨穿。

3. 化学除锈

化学除锈利用酸性溶液与铁锈(金属氧化物)发生氧化反应生成盐类,使锈垢、氧化皮等溶解或脱落,如图12-16所示。常用的酸性溶液有硫酸、盐酸和硝酸等,酸液配制成质量分数为30%左右的溶液后使用。

图12-15 电动角磨机除锈操作

图12-16 化学除锈操作

注意:稀释浓硫酸时,应缓慢地把硫酸倒入水中,因硫酸溶于水时会放热,必须不断地搅拌,切勿相反操作,以免引起爆炸,导致硫酸飞溅伤人。

目前应用较广的是浸泡酸洗,部件在酸液中经过浸泡除锈后,再经冷热水冲洗,并用弱碱溶液(如质量分数为5%~10%的氢氧化钠溶液)中和,最后用水冲洗等工序擦干、烘干,以防部件很快生锈。

化学除锈一般不用于局部作业,正常情况下只有零部件整体需要进行除锈时,才能使用此法。另外,经化学除锈的部件表面必须要进行粗糙处理或磷化处理,以增加金属钣金件表面与底漆的附着力。

4. 火焰除锈

如图12-17所示,火焰除锈利用气焊枪,将少量手工难以清除的较深的锈蚀、锈

图12-17 火焰除锈操作

图12-18 喷砂除锈操作

斑烧红，通过高温使铁锈的氧化物改变化学成分，进而达到除锈目的。此法目前很少使用，操作时注意不要让金属表面烧穿，还要防止大面积处理时钣金件受热变形。

5. 喷砂除锈

如图 12-18 所示，喷砂除锈是利用压缩空气、机械离心力将磨料、砂粒喷射到铁锈面上，借冲击和摩擦作用来清除铁锈的方法。目前，此法在车身修复行业的使用比较少，其优点是作业强度小、不伤底材，而且工艺简单、成本低，缺点是效率比较低。

你学会了吗？

1. 金属表面的脱脂有哪几种方法？如何操作？
2. 金属表面清除旧漆有哪几种方法？如何操作？
3. 金属表面除锈有哪几种方法？如何操作？

第 51 天　塑料表面的处理

学习目标

1. 了解塑料表面的处理知识。
2. 掌握硬塑料件的表面处理方法。
3. 熟悉软塑料件的表面处理方法。

基础知识

一、塑料表面的处理知识

汽车塑料件通常分为硬塑料（刚性塑料）和软塑料（半刚性塑料）。汽车制造厂提供的塑料备件，有的已经涂过底漆，有的则未涂底漆。对于后者，应使用专门的塑料底漆、底漆密封剂或乙烯清漆来提高涂层的附着力。汽车塑料件的喷涂前处理主要是用面漆的稀释剂或推荐的溶剂彻底清洗塑料件，要用中性洗涤剂，并将零件用清水洗净擦干。对需要喷涂底色漆的部位用 400 号砂纸打磨，要喷涂透明清漆的混涂区域用 600 号或更细的砂纸打磨，并用表面清洁剂擦净。

二、硬塑料件的表面处理

对于未涂底漆的硬塑料零部件处理，如图 12-19 所示。具体步骤如下：

1）用干净的抹布蘸乙醇擦拭表面。
2）用去蜡、去油脂清洗剂彻底清

图 12-19　磨光机打磨

洗表面。

3）打磨已暴露出来的玻璃纤维。手磨时，使用220号或280号砂纸；用磨光机打磨时，用80~120号砂纸。

4）用干净抹布重新擦干净表面。

5）如果有需要填平的焊缝、气穴，则应在整个表面上涂一层车身填充剂。待其干燥后，再打磨、清洁，最后涂一层保护层或二层环氧铬酸盐涂料。

6）按照包装上的说明，将腻子涂到表面上，待其干燥后用细砂纸磨光，再用压缩空气吹除灰尘，最后用黏性抹布擦拭干净。

7）准备涂面漆。

三、软塑料件的表面处理方法

对于未涂底漆的软塑料零部件处理步骤如下：

1）用一块在水中浸湿的布蘸上去蜡、去油脂和除硅清洗剂清洁整个表面，并擦干。

2）用320号砂纸打磨划伤处和用填充剂修补过的表面，吹除灰尘，并用黏性抹布擦拭干净。

3）调制并涂覆四层中等干燥的软性原子灰，让表面干燥至少1h，然后用400号砂纸进行打磨，清除所有灰尘。

4）准备涂面漆。

实际操作

以车身后部塑料保险杠的表面处理为例，其操作方法如下：

1）如图12-20所示，用小刀将塑料钣金件上的毛刺清理干净。

2）如图12-21所示，用400号砂纸打磨，要喷涂透明清漆的混涂区域用600号或更细的砂纸打磨，并用表面清洁剂擦净。

图12-20　清理干净毛刺

图12-21　用砂纸打磨

3）给需要填补的部位填补填充剂，如图12-22所示。

4）对填补填充剂进行加热干燥，如图12-23所示。

5）待填充剂干燥后用320号砂纸打磨，如图12-24所示。

图 12-22　填补填充剂

图 12-23　干燥填充剂

6）如图 12-25 所示，涂覆软性原子灰。最后进行干燥和打磨，清除所有灰尘为喷涂做准备。

图 12-24　打磨填充剂

图 12-25　涂覆软性原子灰

 你学会了吗？

1. 塑料表面的处理方法是什么？
2. 硬塑料件的表面处理方法是什么？
3. 软塑料件的表面处理方法是什么？

第十三章

涂料与色漆的调配必知必会

第52天 涂料的调配

> **学习目标**
>
> 1. 了解汽车涂料相关知识。
> 2. 掌握各种涂料的用途。
> 3. 掌握底漆和原子灰的调配操作方法。

基础知识

一、汽车涂料的概述

1. 汽车涂料的定义

汽车涂料指涂装在轿车等各类车辆车身及零部件上的涂料,一般指新车的涂料和辅助材料,以及车辆修补用涂料。汽车涂料包括汽车车身原厂漆、汽车修补漆、汽车零部件漆,以及PVC抗石击涂料。

1)汽车原厂漆是汽车出厂前统一涂装所用的油漆,一般指能够进入汽车喷涂线,并能够在车间烘烤的车身漆。小轿车,微型、中型货车的车身漆大部分是汽车原厂漆。汽车原厂漆的结构,如图13-1所示。

2)汽车修补漆指用于汽车表面修补护理的漆。但是在我国,大部分车身漆也是修补漆,而且占了修补漆用量非常大的一部分。

3)汽车零部件漆指保险杠漆、汽车内饰、装配饰件等所用的漆,如前后保险杠、挡泥板、车轮罩、车门、仪表板、保

图13-1 汽车原厂漆结构
1—裸金属钣金件 2—磷酸锌涂层 3—电泳底漆
4—腻子及中涂底漆 5—色浆 6—清漆

护板、散热器面罩等。其中，保险杠漆占了零部件漆的绝大部分。

4）PVC抗石击涂层指用于汽车底盘及挡泥板的防护涂层，主要基料为PVC树脂。

2. 汽车涂料分类

1）汽车涂料按形态可分为水性涂料、溶剂性涂料、粉末涂料、高固体涂料等。

2）汽车涂料按施工方法可分为刷涂涂料、喷涂涂料、辊涂涂料、浸涂涂料、电泳涂料等。

3）汽车涂料按使用层次可分为底漆、原子灰、中涂底漆、面漆（调和漆、磁漆、罩光漆）等。

4）汽车涂料按功能可分为装饰涂料、防腐涂料、导电涂料、防锈涂料、耐高温涂料、隔热涂料、防火涂料、防水涂料等。

5）汽车涂料按漆膜外观可分为清漆、色漆等。

3. 汽车涂料的作用

汽车涂料是一种成膜物质，它是钣金修复不可缺少的重要材料，其主要作用如下：

1）保护作用：钣金件表面被涂后，汽车涂料可使车身表面金属层与空气、水分、日光，以及有害气体和微生物等隔离，因此可以保护物面，防止其腐蚀和老化，延长使用寿命。

2）装饰作用：汽车涂料中的颜料，能够赋予车身表面各种不同的色彩，从而使车身与环境的色彩协调，外观更加赏心悦目，给人以美感。

3）耐蚀作用：汽车涂料有极好的耐蚀性，能适应各种温度、曝晒及风雨侵蚀，在各种气候条件下保持不失光、不变色、不起泡、不开裂、不脱落、不粉化、不锈蚀。

4. 汽车涂料技术要求

汽车涂料主要技术指标有通用指标和专用指标之分。其中，通用指标有颜色、外观、黏度、细度、密度、固体含量、干燥时间等项目；专用指标表现为汽车涂料特有性能和根据用户要求所制订的项目。

二、底漆

1. 底漆的作用

底漆是车身表面的基础涂料，主要作用如下：

1）封闭金属基层，防止金属表面氧化腐蚀。

2）填平金属基材的细微缺陷及锈斑。

3）增强金属表面与原子灰，或原子灰与漆面之间的附着力，使两者牢固结合，以构成坚固的覆盖层。

2. 底漆的类型

（1）环氧树脂底漆

环氧树脂底漆主要特点如下：

1）附着力极强，对金属、塑料等都有很好的附着力和黏结力。

2）涂膜韧性好，耐挠曲，且硬度比较高。

3) 耐化学品性优良，尤其是耐碱性突出。因为环氧树脂的分子结构内含有醚键，而醚键在化学上是最稳定的，所以其对水、溶剂、酸、碱和其他化学品都有良好的抵抗力。

4) 良好的电绝缘性，耐久性、耐热性良好。

5) 环氧树脂底漆的缺点是表面粉化较快，并且使用胺类作为固化剂，而胺类对人体和皮肤有一定的刺激性，因此使用时要加以注意。

(2) 磷化底漆

车身涂装磷化底漆后，磷化液（弱磷酸）与防锈颜料四盐锌铬黄反应生成同一般磷化处理相似的不溶性磷酸盐覆盖膜。同时生成的铬酸使金属表面钝化，起防腐蚀和增强涂层附着力的作用。磷化底漆如图13-2所示。

磷化底漆对钣金件底材具有良好的耐蚀性，对其上的涂层也具有良好的黏结能力，一般在汽车修补中常使用环氧树脂底漆打底。而在汽车制造中或大面积钣金操作后，对裸金属进行磷化防腐处理时常采用磷化底漆。

(3) 塑料底漆

塑料底漆可直接涂在经表面处理过的塑料钣金件表面上，覆盖塑料钣金件表面的流痕和缺陷。塑料底漆如图13-3所示。

图13-2 进口磷化底漆

图13-3 塑料底漆

三、原子灰

1. 原子灰的作用

原子灰俗称"腻子"，但与通常所指的腻子是有区别的。

(1) 通常所指的腻子

通常所指的腻子一般用油基漆作为黏结剂，与熟石膏粉等填充料，加入少量的颜料和稀释剂调和后做填补用。这种腻子干燥时间长，干燥后质地比较软，而且会出现不同程度的凹陷，对其上面的涂膜具有一定的吸收作用，不利于涂装修补和面漆的美观，目前不再使用。

（2）原子灰

原子灰是涂料，因此也是由树脂、颜料、溶剂和填充材料等组成的。它的特点是硬化时间短，常温下0.5h即可干燥硬化，可以进行打磨。经打磨后的原子灰表面细腻光洁，表面坚硬，基本无塌陷，对其上面的涂料吸收很少甚至不吸收；附着能力强，耐高温，正常使用时不出现开裂和脱落现象，因此现在广泛应用在汽车的钣金修复工作中，用于填补凹陷。

2. 原子灰的类型

原子灰的类型，如图13-4所示。具体功能如下：

a) 普通原子灰

b) 纤维原子灰

c) 合金原子灰

d) 塑料原子灰

图13-4　原子灰的类型

（1）普通原子灰

普通原子灰多为聚酯树脂型，膏体细腻，操作方便，填充能力强，适合大多数金属钣金件，也可用于车用塑料件，但刮涂不宜过厚。普通原子灰的使用有一定的局限性，如镀锌板、不锈钢板和铝板等表面附着能力比较低，容易造成开裂，使用前要喷涂一层隔绝底漆后才能使用。

（2）纤维原子灰

纤维原子灰含有纤维物质，干燥后质轻但附着力和硬度很高，可以直接填充直径小于50mm的孔洞，并且对于比较深的金属钣金件凹陷部位填补也非常有效，但表面会呈现多孔状，需要用普通原子灰填平。

(3) 合金原子灰

合金原子灰也称金属原子灰，比普通原子灰性能更好，使用方便，已被广泛使用。

(4) 塑料原子灰

塑料原子灰专用于塑料钣金件的填补，调和后呈膏状，刮涂后与底材附着良好，常用于塑料件的修复。

四、中涂底漆

1. 中涂底漆的作用

中涂底漆指介于底漆涂层和面漆涂层之间的涂料，也称底漆喷灰，俗称"二道浆"。它主要用于改善被涂钣金件表面和底漆涂层的平整度，为面漆涂层创造良好的基础，以提高面漆涂层的鲜映性和丰满度，并提高整个涂层的装饰性和抗石击性。中涂底漆如图13-5所示。

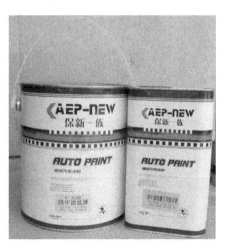

图13-5　中涂底漆

2. 中涂底漆的性能要求

1) 应与底、面漆配合良好，涂层间的结合力强，硬度配套适中，不会被面漆的溶剂咬起。

2) 应具有足够的填平性，能消除被涂底漆表面的划痕、打磨痕迹和微小孔洞、小眼等缺陷。

3) 打磨性能良好，不粘砂纸，打磨后能得到平整光滑的表面。现在有许多品牌的中涂底漆内都有免磨中涂漆，靠漆面本身的展平性得到平整光滑的表面。

4) 具有良好的韧性和弹性，抗石击性良好。

五、面漆

1. 面漆的性能要求

面漆不仅要有优良的装饰性、涂膜色彩鲜艳、光亮丰满，还要有良好的保护性、耐水性、耐油性、耐磨性、耐化学腐蚀性。在选择汽车用面漆时应从外观、硬度和抗石击性、耐老化性、耐湿热性、防腐蚀性等方面考虑。

2. 常见面漆涂料的种类

(1) 国产常用汽车面漆

1) 醇酸磁漆。如C04-2各色醇酸磁漆、C04-37各色醇酸磁漆、C04-42各色醇酸磁漆、C04-48各色醇酸磁漆、C04-49各色醇酸磁漆等。

2) 硝基磁漆。如Q04-2各色硝基外用磁漆、Q04-17各色硝基醇酸磁漆、Q04-31各色硝基磁漆、Q04-34各色硝基磁漆等。

3) 过氯乙烯磁漆。如G04-8各色过氯乙烯磁漆、G04-9各色过氯乙烯外用磁漆、G04-18各色过氯乙烯磁漆、G01-2过氯乙烯清漆等。

4) 丙烯酸漆。如B04-68各色丙烯酸磁漆、B01-8丙烯酸清漆、JB-Ⅰ丙烯酸聚氨酯磁漆、B-06-50氨基丙烯酸烘干磁漆等。

5）聚氨酯磁漆。如7182各色聚氨酯磁漆、7182聚氨酯清漆、7650各色聚氨酯磁漆等。

（2）常用进口汽车面漆

常用进口汽车面漆有美国杜邦公司的杜邦牌汽车漆和德国巴斯夫公司的鹦鹉牌汽车漆等，如图13-6所示。

a）杜邦牌汽车漆

b）鹦鹉牌汽车漆

图13-6　常用进口汽车面漆

 实际操作

一、底漆的调制

使用时需按照油漆生产厂商提供的说明，以正确的比例加入配套的固化剂，再根据环境温度的不同加入稀释剂，达到要求的油漆调制黏度。

1. 底漆调制用工具

底漆调制常用的工具有黏度计、比例尺、调漆杯、过滤器等。

2. 底漆调制的步骤

1）核对油漆的类型、名称、型号及品种与所选的油漆是否完全相符。开盖前摇晃，使油漆均匀。

2）开盖后检查油漆是否变质，若变质，则应进行更换处理。

3）按油漆生产厂商要求的比例，根据油漆使用量先添加油漆，然后添加固化剂，最后添加稀释剂，如图13-7所示。

4）如图13-8所示，用比例尺将油漆搅拌均匀，调整好黏度。一般将黏度调整到16～20Pa·s之间。通常的做法是将油漆和固化剂调配好后，再加入稀释剂以调整黏度。

5）过滤油漆。如图13-9所示，选取180号涂料过滤网进行油漆过滤，过滤后倒入喷枪。

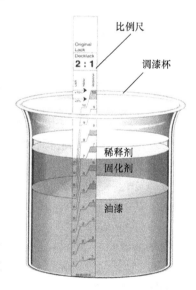

图13-7　油漆调制

图13-8 用比例尺搅拌均匀

图13-9 过滤油漆

二、原子灰的调制

1. 原子灰的调制工具

（1）原子灰调和盒

如图13-10所示，原子灰调和盒采用1.0~1.5mm低碳钢板制成，用于调制原子灰或盛装原子灰。

（2）原子灰托板

如图13-11所示，原子灰托板用钢板或木板制成，在刮原子灰时放少量原子灰以方便施工。可用较厚的大型钢刮刀代替。

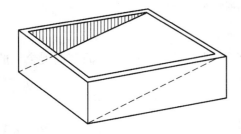
图13-10 原子灰调和盒

图13-11 原子灰托板

2. 原子灰的调制步骤

（1）取原子灰

1）如图13-12所示，原子灰装在罐中时，其各种成分，如溶剂、树脂及颜料、固化剂会分离。原子灰不可在这种分离形态下使用，因此取出罐子前，必须彻底搅拌。

2）如图13-13所示，将适量的原子灰基料放在混合板上，然后按规定的混合比添加一定量的固化剂。

3）以不同的颜色来区别主剂和固化剂，通过混合后的颜色来判断其混合比例。

4）原子灰主剂与固化剂调和时，固化剂的容许量有一定范围，可随气温的变化进行适当调整，具体数值应以产品说明书为准。

（2）搅拌原子灰与固化剂

搅拌原子灰与固化剂的过程，如图13-14所示。具体方法如下：

图 13-12　原子灰及固化剂

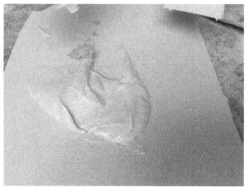
图 13-13　混合原子灰与固化剂

原子灰调制

图 13-14　搅拌原子灰与固化剂的过程

1）用刮刀的尖端盛起固化剂，将其均匀散布在原子灰基料的整个表面上。

2）抓住刮刀，轻轻提起其端头，再将其滑入原子灰下面，然后将其向混合板的左侧提起。

3）在刮刀盛起约 1/3 原子灰后，以刮刀右边为支点，将刮刀翻转。

4）使刮刀与混合板基本持平，并将其向下压。一定要将刮刀放在混合板上刮削，不要让原子灰留在刮刀上。

5）拿住刮刀，稍稍提起其端头，并将在混合板上混合的原子灰全部舀起。

6）将原子灰翻身，翻身时将原子灰向上朝混合板的顶部移动。在原子灰延展至混合板边缘时，盛起全部原子灰，并将其向混合板的底部翻转。

图 13-15　原子灰充分混合的效果

（3）重复操作直到原子灰充分混合，如图 13-15 所示。

你学会了吗?

1. 什么是汽车涂料?
2. 汽车涂料有哪几种分类方法?
3. 各种涂料有什么特点? 分哪几种类型?
4. 如何调制底漆?
5. 如何调制原子灰?

第53天 色漆的调配

学习目标

1. 了解颜色理论知识。
2. 掌握调色基础知识。
3. 学会手工调色操作方法。
4. 学会电脑调色操作方法。

基础知识

一、颜色三属性与具体分析

所有颜色都具有三个共同点,即一定的色彩项目、明亮程度和浓淡程度。这三个共同点称为颜色的三属性,与其对应的术语是色调、明度与饱和度。在调配颜色时,通过改变这三个属性,可以调配出千万种颜色。

1. 色调

色调也称色相或色别,是色彩最显著的特征,是不同色彩之间相互区分的最明显特征。色调表示一定波长的单色光的颜色相貌,能够比较确切地表示某种颜色色别的名称。

色调由刺激人眼的光谱成分决定,随波长的变化而变化,不同波长的光给人的视觉感受是不一样的。我们给每一种色彩感受都赋予一个名称,如红、橙、黄、绿、青、蓝、紫,其中每一个名称都代表一类具体的色调,如图 13-16 所示。紫红、红、朱红等都是红色类中不同的色调,这三种颜色之间的差别就属于色调的差别。例如颜料红色的色感是 700nm 的波长反射的结果。如在该红色颜料中加入不同量的白、灰和黑,则可得出灰艳、亮暗不同的色彩,但这些色彩仍然属于一个色调(红色调)。

2. 明度

明度也称亮度、明暗度或光度。在无彩色中,明

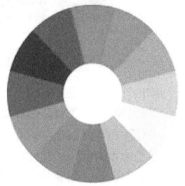

图 13-16 12 种色调

· 203 ·

度最高的为白色,明度最低的为黑色,如图 13-17 所示。在有彩色中,任何一种纯度色都有自己的明度特征,一个彩色物体表面的光反射率越大,看上去就越亮,这个颜色的明度就越高。明度是表示一个物体反射光线多少的颜色属性,是人们看到的颜色引起的视觉上的明暗程度差异。

同一个色调可以有不同的明度,例如红色就有紫红、深红、浅红和粉红之分,它们看上去有深淡的区别。不同色调也可以有不同的明度。例如在太阳光光谱中,紫色明度最低,红色和绿色明度中等,黄色明度最高,因此人们感到黄色最亮。

明度一般用黑白度来表示,越接近白色,明度越高;越接近黑色,明度越低。因此,无论哪个色加上白色,都会提高混合色的明度,且加入白色越多,明度越高;反之,加入黑色则会降低明度,加入黑色越多,明度越低。如果加入灰色,那么明度就要依据灰色的深浅而定。

3. 饱和度

饱和度也称纯度或彩度,指颜色的鲜浊程度(直观说就是色彩鲜艳与浑浊程度)。它也用来指某种颜色中所含该色量的饱和程度,针对颜色的色觉强弱而言。

当某一颜色浓淡达到饱和时,若无白色、灰色或黑色渗入其中,即呈纯色(亦称正色);若有黑、灰渗入,即为过饱和色;若有白色渗入,即为未饱和色。

图 13-17 明度

高饱和度的色调加入白色会变浅,提高其明度,降低其饱和度。加入黑色时变深,降低其明度,同时也降低其饱和度。

如图 13-18 所示,每一个色调都有不同的饱和度变化,标准的颜色饱和度最高(其中红色最高),黑色、白色、灰色的饱和度最低。

图 13-18 饱和度

二、颜色三属性之间的关系

颜色的三属性是相互独立的,但不能单独存在。它们之间的变化是相互联系、相互影响的。其中,色调和饱和度对色感的描述有重要意义。

某种颜色加入白色可提高明度,加黑色会降低明度。另外,在颜色明度改变的同时,颜色的饱和度也会变化,白量和黑量越多,饱和度越低。

颜色的色调、明度和饱和度只在亮度适中时才能充分体现出来。在中等亮度下,一般人眼能够分辨的色彩总数在 1 万种左右。在亮度极低的场合,色彩变成了暗色,这时就很难区别色彩的色调和彩度。在极亮的光照下,人眼接受刺激的程度已达到极限，使人产生耀眼的感觉，这时无法分辨色彩的一切属性。

三、视觉的三大要素

光线、物体和观察者是产生视觉的三大要素。换言之，这是分辨颜色必不可少的条件。

1. 光线

光线指能够在人的视觉系统上引起明亮的颜色感觉的电磁辐射。人们借助光线才能看到物体的颜色。光线源于光源，包括太阳、白炽灯、荧光灯等。

光源有自然光源与人造光源之分，太阳是自然光源中最佳的光源，因为太阳光中含有不同波长的光，且光谱能量的分布比较均衡。而白炽灯、荧光灯属于人造光源，白炽灯主要含有红色光线，属于较温暖的光线；荧光灯主要含有蓝色光线，属于较冷的光线。

2. 物体

物体是观察的对象，我们周围的物体可分为两大类：一类物体本身是发光体，即光源，如太阳；另一类物体在一般状态下不发光，只是在一定程度上吸收和反射来自光源的光线，日常所见的物体大部分属于这一类。物体中通常含有颜料，颜料会有选择地反射一部分光线，吸收其他光线。被反射的光线就决定了该物体的颜色。

在汽车油漆调配过程中，待涂件应能提供尽可能准确的颜色信息，因此其表面应洁净，避免漆面老化、变色和污染。比色背景应以单色彩调为主，避免太艳、太深，避免反色。

3. 观察者

眼睛的视觉特性是产生颜色感觉的生理基础，主要是物体反射光线刺激人的眼睛引起视神经兴奋，并传至中枢神经，从而产生颜色的感觉，使生理和心理状态产生了不同的颜色知觉。

在人类眼睛内的视网膜上存在三种视神经细胞，即感红、感绿及感蓝的视觉细胞，每种视觉细胞的兴奋都可引起原色的感觉。正常人可以用红、绿、蓝三原色光混合配出光谱上的任何颜色，即能够分辨出各种颜色。

四、三原色及其配合变化知识

1. 三原色

如图13-19所示，红、黄、蓝三种色光称为三原色，这三种颜色以不同比例搭配构成了自然界中的不同颜色。

2. 三原色配合变化

（1）间色

由两种原色混合而成的颜色称为间色（二次色），例如红色与黄色两种原色等量相配而得的橙色；红色和蓝色等量相配而得的紫色；蓝色和黄色等量相配而得的绿色，如图13-20所示。

图13-19 三原色

1）红和橙相配或红和黄色相配时，红多黄少得到橙红，红少黄多得到橙黄。

2）蓝与紫或蓝与红相配时，蓝多红少得到青莲色，红多蓝少得到紫红色。

3）蓝与绿或蓝与黄相配时，蓝多黄少得到湖蓝（蓝绿）色，黄多蓝少得到湖绿（黄绿）色。

（2）复色

间色与间色，或间色与原色混合所得的颜色叫复色（三次色）。如由红、黄、蓝三原色"等量"相配得到黑色，如图 13-20 所示。间色（二次色）与适量的黑色相配可得到灰色、米色及咖啡色等三次色。但在实际调色中，常采用黑色着色剂。调色时要掌握复色的性质，避免多种颜色的混合，尤其要避免补色相加。

（3）补色

补色是一种奇特的色彩，将其并置在一起时，它们都以最大程度突出对方的鲜艳，但将它们相互混合后，色彩就会从极度鲜艳变成灰黑色。补色现象是色彩混合的特殊效应，两个原色可以调成一个间色，该间色与另一个原色互为补色。补色相混或三原色相混都会产生中性灰色或黑色。

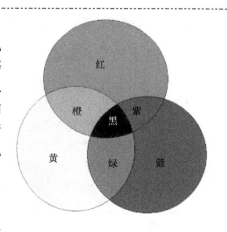

图 13-20　三原色配合变化

（4）消色

使原颜色的色调减弱、改变甚至消失称为消色。在色彩调配过程中合理地使用消色，可以对颜色的色调、明度起到矫正和调节作用。

如在三原色和复色中加入一定量的白色，则可调配出粉红、浅红、浅蓝、浅天蓝、淡蓝、浅黄、奶黄、牙黄等深浅不一的多种浅淡颜色。如加入黑色，则可调配出棕色、灰色、褐色、黑绿等明度和色调不同的多种颜色。

五、配色的三个原则

只有色调、明度及饱和度三者都相同时，这两种颜色才相同，其中任何一个特性不同颜色都不相同。配色的三个原则如下：

1. 调整色调

例如用红、黄、蓝三原色按一定比例混合可获得不同的中间色，中间色与中间色混合，或中间色与三原色中的一种混合又可得到复色，通过颜色的拼色可以改变颜色的色调。

2. 调整明度

在显色的基础上，加入白色将原来的颜色冲淡，就可得到饱和度不同的彩色（即深浅不同的颜色）；加入不等量的黑色，就可得到明度不同的各种颜色。如在大红中加入白色得到浅红、粉红；在铁红色中加入黑色得到紫棕色；在白色中加入黑色得到不同的灰色。

3. 调整饱和度

在显色的基础上，加入不等量的原色可获得不同彩度的色调。如在浅红中加入不等量的红色得到大红、深红。在浅黄中加入不等量的黄色可得到中黄、大黄、深黄。

六、调色的基本步骤和方法

1）看清种类（品牌、1K、2K 等）分析色标（标准色卡、标准颜色样板或漆样），确定所需各种色母（由几种色母组成，哪个是主色，哪个是副色，它们之间有哪些关联等）。

2）选择需要调整的属性，根据各色母色相、明度、饱和度选择色母种类，进行初步选择。

3）有颜色编号应查找调色配方（电脑软件或色卡背面）。无调色配方，应做小样确定配方或验证配方。

4）按调色配方的 70%～80% 投主、副色母，按 30%～50% 投辅助色母。

5）在相对比较标准的光源或背景下调色对板，边调边看，每次投料加料一般只投判断量的一半左右，观其变化程度后（可以用标尺或刮板或喷板），再适量补加。

6）颜色基本调好（或接近）时，依多数人的意见确定是否有继续接近的可能和必要。同时还要注意以下内容：

① 素色漆的调配在湿膜基本定膜的过程中，颜料的上浮和下沉对涂膜的影响较大，因此喷样板后，必须放置几分钟，待板面干透后才能观察涂膜颜色。

② 在使用标准板配色时，由于放置时间较长，颜色显得灰暗，与漆样涂膜对比时，应将标准板用清水浸泡后再进行对比。

③ 调配金属珍珠漆，用所调的漆样板和色卡、标准板比色时，应左右、上下、平立反复对比（正、侧对比），避免视觉误差。特别是光线较暗时，辨别应加蓝还是加黑时，更应认真摸索辨别，防止错投引起损失。

实际操作

一、手工调色漆操作

1）首先找到与车身颜色一致的色卡，然后用色卡与车身颜色（或车身的部件，如车门把手，如图 13-21 所示）对照以便准确确定色卡。有些色卡背面会提供原厂参考调色配方，但有些需要根据色谱参考调色配方，应结合实际需要写出实际调色配方（一定要准确选择色母）。

2）当确认调色配方后进行调色，将所有色母倒入置于电子秤上的洁净容器中，记录色母的重量。对于有经验的调漆技术人员而言，他们根据调配的量就能够掌握添加色母的用量，如图 13-22 所示。

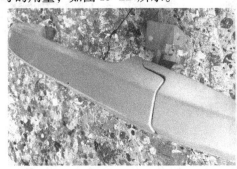

图 13-21 车门把手

图 13-22 取色母

3）如图 13-23 所示，将加入的色母用比例尺搅拌均匀。由于每个人对需要调整的颜色有不同的认识，因此，建议从自己觉得差异最大的颜色属性开始进行调色。

4）如图 13-24 所示，用比例尺盛起来一小部分色漆，然后将其与车身的原漆进行比色。当调出色漆颜色与原色吻合度达到 90% 左右时，将所调的色漆与原车颜色进行对比，确定是否一致。**注意：比色的时候，会有一部分色漆从比例尺上滴下，要用盛装色漆的容器放在比例尺之下，以免色漆滴在工作台上。**

图 13-23　用比例尺搅拌均匀　　　图 13-24　进行比色　　　　　　　调色漆

5）如果不一致，则添加少量的色母继续进行微调（图 13-25），但应注意以下内容：
① 每次微调只能添加少量的色母（不超过原配方中用量的 1%~5%）。
② 每次微调只能使用一种色母。
③ 记录每次添加色母的用量，形成自己能够掌握运用的配方。

6）当调出色漆颜色与原车色板（或原车漆面）吻合度较高时，将喷涂小色板与原色板作比较，主要操作如下：
① 用一块小铁板进行试喷，并达到完全遮盖，要特别注意气压和溶剂用量，有时通过调整气压或溶剂就可以获得非常接近于原色板的颜色。
② 调实色漆时，喷板前调浅一点。调银粉、珍珠漆时，则要比原色板稍深一点，这样喷出来的效果才能与原色板吻合。这种深浅度要经过反复实践、摸索，才能熟练掌握。
③ 如图 13-26 所示，将喷枪倾斜，然后用比例尺取少量所调的色漆放入喷枪内。

图 13-25　继续进行微调　　　图 13-26　取色漆放入喷枪内　　　　准备试喷色漆

④ 用钳子将喷板夹住，然后用喷枪对喷板进行喷色漆，如图 13-27 所示。喷色漆时，要先雾喷 2 次，相隔 15min 或吹干后，再湿喷 1 次。喷色漆时，每次不可喷太厚。

7）如图 13-28 所示，观察喷板与原车漆面，然后重新测定颜色。如需再做进一步的微调，则要确定调整哪一个属性，如色相、色度或色品；如果颜色已经吻合，则准确记录调色配方，并保留喷好漆的色板以供参考使用。

图 13-27 进行试喷

图 13-28 重新测定颜色

进行试喷

重新测定颜色

8）色漆调整完成后，在容器盖上注明色漆的标记（以备喷漆使用），然后用盖子将盛色漆的容器进行密封处理，如图 13-29 所示。

9）如图 13-30 所示，将所有的色母和工具归位，清洁调漆车间，调色工作完成。

图 13-29 盖好容器盖

图 13-30 整理并清洁调漆车间

二、电脑调色漆操作

1）首先选出与被修复的车身最吻合的色卡。

2）输入色卡编号等信息，然后根据电脑提供的颜色配方选定所需要的漆种。

3）根据修补面积计算涂料总用量并输入电脑，电脑便会根据配方给出各种成分的用量。

4）用电子秤量取各种色母及溶剂（图 13-31），并由混漆机将其调匀。

5）如图 13-32 所示，将调整好后的色漆进行试喷。对照车身颜色，确保准确无误后方可正式调配大量色漆。

图 13-31　量取各种色母及溶剂

图 13-32　对照车身颜色

你学会了吗?

1. 颜色三属性是什么?
2. 视觉的三大要素是什么?
3. 三原色配合有哪些变化?
4. 调色的基本步骤和方法是什么?
5. 如何进行手工调色?
6. 如何进行电脑调色?

第十四章

汽车喷涂施工必知必会

第54天　车身的遮盖

学习目标

1. 了解车身的遮盖材料。
2. 掌握车身的遮盖方法。

基础知识

一、车身的遮盖材料

1. 胶带

（1）胶带的类型及特点

胶带的外形，如图14-1所示，主要分为普通胶带和细胶带两种，特点如下。

1) 普通胶带。普通胶带纸质较厚，目前市场上出售的遮盖胶带有3mm、6mm、12mm、18mm、24mm、36mm、48mm和72mm等多种尺寸。

2) 细胶带。细胶带柔性好、较薄，且专门的聚丙烯胶带底层允许粘贴在新喷的瓷漆或清漆面上，不会留下痕迹。这种胶带具有防止溶剂浸透的功能。有1.5mm、3mm、5mm、6mm、10mm、12mm和18mm等多种尺寸。

（2）选择胶带的方法

1) 要选择粘贴力强的胶带。

2) 要选择便于揭脱，且揭掉后黏结剂不残留的胶带。

3) 要选择纸质好，便于用手指切断的胶带。

图14-1　胶带的外形

2. 塑料薄膜

塑料薄膜有 50cm、80cm、100cm（宽度）等多种规格，为卷状，可装在专用的支架上，根据需要裁剪合适的长度，如图 14-2 所示。

3. 涂装专用遮蔽纸

如图 14-3 所示，涂装专用遮蔽纸的一侧采用特殊材料处理，通常用树脂浸润，较光亮。应把光滑明亮的一侧朝外。涂装专用遮蔽纸有 8cm、15cm、23cm、30cm、38cm、46cm、69cm 和 91cm 等几种。它具有较好的防渗透功能和防脏物功能，常用在基层和透明涂层喷涂过程中。

图 14-2　塑料薄膜

图 14-3　涂装专用遮蔽纸

4. 其他遮盖材料

如墙纸、牛皮纸、报纸、聚乙烯膜及车衣、轮胎罩等，很多小型维修厂使用报纸进行遮盖也很方便，但是报纸在粘贴时，其接口的密封性和厚度不够，因此有时需要注意是否有透漆的可能性。遮盖用牛皮纸，如图 14-4 所示。

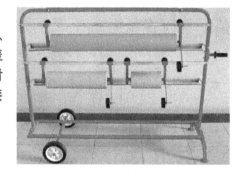

图 14-4　牛皮纸

二、车身的遮盖方法

1. 车身遮盖的基本方法

应选用质量好的胶带，若胶带质量差，则使用后会出现黏结剂残留或其他问题，造成不必要的麻烦。聚氨酯涂料需加热干燥，应使用耐热胶带纸。胶带的基本贴法，如图 14-5 所示。

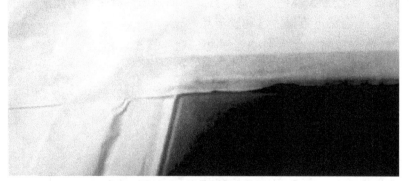

图 14-5　胶带的基本贴法

2. 装饰条和嵌条的遮盖

1）用胶带粘贴装饰条、嵌条等表面时,将一只手的手指塞入胶带卷中间的孔中,把大拇指放在胶带的外面,控制胶带的方向,如图14-6所示。

2）拉伸胶带时,胶带的粘贴面背向喷漆工。

3. 铭牌和标牌的遮盖

1）如图14-7所示,将胶带贴到标牌的顶部,并与板面留有一定的间隙。

2）把两边粘到标牌上,用力把胶带粘牢。

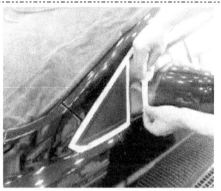

图14-6 胶带粘贴装饰条操作

4. 侧窗玻璃的遮盖

如图14-8所示,遮盖侧车窗时,需要先用胶带遮盖该区域的周边。然后选用合适尺寸的塑料薄膜,将其底边粘贴到底部的胶带上。把塑料薄膜周边折叠,折叠边用短胶带粘好,然后全部粘到周边预先贴好的胶带上。

图14-7 铭牌和标牌的遮盖

图14-8 侧窗玻璃的遮盖

5. 前后风窗的遮盖

1）遮盖前后风窗时,需要先用胶带遮盖该区域的周边,如图14-9所示。

2）选用合适尺寸的遮蔽纸,将遮蔽纸的底边粘贴到底部的胶带上。把遮蔽纸周边折叠,折叠边用短胶带粘好,然后全部粘到周边预先贴好的胶带上。

3）覆盖风窗玻璃时,主要使用69cm宽的纸,不够的部分再用10~20cm宽的纸粘贴上。四周用12~15mm宽的胶带粘住。

6. 车门口的遮盖

如图14-10所示,如果用报纸覆盖,则用三张报纸接成110cm宽的正方形,对准车门口,先从便于粘贴的部位开始粘贴,边粘边将报纸多余部分按车门口的外形曲线,或向内折或裁掉。

7. 车顶的遮盖

1）首先应沿车顶的周边粘贴一周胶带。然后采用合适尺寸的遮蔽纸彻底把车顶遮盖住,如图14-11所示。

2）遮盖纸应光滑,多余的边应折叠起来。所有边缘均应用胶带粘住,以免油漆和灰尘进入。

图 14-9 前后风窗的遮盖

图 14-10 车门口的遮盖

8. 散热器面罩和保险杠的遮盖

1）首先用胶带沿散热器面罩的周边进行遮盖，然后选用合适的遮蔽纸进行遮盖，如图 14-12 所示。

2）如果保险杠采用金属材料制造，则应选用合适尺寸和形状的遮蔽纸进行遮盖，下部边缘进行折叠，盖住保险杠的下部并粘贴牢固。

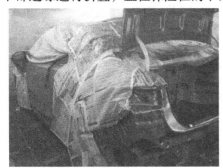
图 14-11 车顶的遮盖

图 14-12 散热器面罩和保险杠的遮盖

9. 喷涂两种颜色时的遮盖

1）汽车被喷涂成两种不同的颜色时，应首先喷涂一种颜色（底色漆）。

2）油漆干燥后，用 19mm 的胶带把这种颜色的周边遮盖。有些车身喷漆工喜欢选用细胶带，因为细胶带薄，可以精确地把两种颜色的漆面分开，留下的条纹少。

3）把该颜色的漆层用合适尺寸形状的遮蔽纸遮盖好。

10. 门槛嵌条的遮盖

门槛上的宽嵌条可用合适宽度的预先粘贴好胶带的塑料薄膜，很容易地进行遮盖。但一定要留有足够的间隙，使油漆有很好的搭接区。

11. 局部涂装的遮盖

1）涂装硝基涂料时，遮盖面积小一点没多大关系，但聚氨酯涂料一定要遮盖宽一些。

图 14-13 局部涂装的遮盖

2) 为提高局部涂装速度，可采用各种方法。例如可采用车身覆盖板，或用大的遮蔽纸将大面积盖住，再用 20～30cm 宽的遮蔽纸覆盖修补处的四周，如图 14-13 所示。

你学会了吗?

1. 车身的遮盖材料有哪些?
2. 各种部位的车身如何遮盖?

第 55 天 底漆的施工

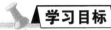

1. 熟悉底漆喷涂前的准备工作。
2. 掌握各种底漆的喷涂方法。
3. 熟悉底漆的施工流程及方法。

一、喷涂前的准备

1. 喷涂前的检查

1) 检查全车车身外表有无覆盖和遗漏之处。
2) 检查打磨作业和清扫作业是否彻底。
3) 检查喷枪和干燥设备有无异常。

2. 遮蔽车身

根据不同的喷涂部位，不同的喷涂方法，将需要喷涂的部位遮蔽好。

3. 涂料的准备

按照涂料生产厂商提供的说明，按照正确的比例加入配套的固化剂，再根据环境温度的不同加入稀释剂，以达到要求的黏度。

二、底漆的喷涂方法

喷涂底漆层可以使漆膜获得良好的附着力，填平细微的缺陷，对于裸金属还可以起到防腐的作用，是整个涂层的基础。常用的底漆有环氧型底漆和侵蚀性底漆等，根据底漆的用途和防腐机理可分为隔绝底漆、磷化底漆和塑料专用底漆等类型。

1. 对大面积裸金属钣金件喷涂底漆

1) 如图 14-14 所示，对大面积裸金属钣金件必须喷涂底漆，一般应先进行磷化处理再喷涂底漆。

2）将打磨完的裸金属钣金件受损面的油脂清洁干净，然后喷涂环氧型底漆，如图14-15所示。干燥后即可达到防锈目的。

2. 钣金件结合面喷涂底漆

如图14-16所示，在钣金件的焊接结合面之间喷涂底漆，为的是形成一层防锈保护层，提高焊点周围部位不被锈蚀的能力，保护焊点，保证修复后的车身强度达到原车身的要求。

图14-14　大面积裸金属钣金件

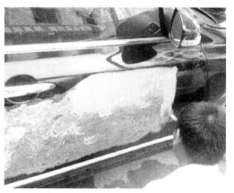

图14-15　涂环氧型底漆

3. 整形焊接处喷涂底漆

焊缝、焊点和修复过的金属钣金件表面虽然经过打磨及清洁，但仍有大量的氧化皮、杂质等。刮涂原子灰虽然具备防锈功能，但它只能防止外表锈蚀的侵入，起到暂时的封闭作用。只要受到潮湿及其他恶劣环境的影响，仍会很快显现出缺陷。采用环氧底漆就能起到有效的防护作用，如图14-17所示。

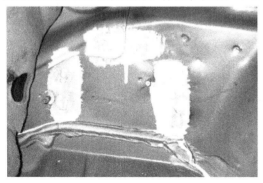

图14-16　焊接结合面喷涂底漆

图14-17　整形焊接处喷涂环氧型底漆

4. 钣金件接缝处喷涂底漆

钣金件接缝处如果没有喷涂底漆，在焊接或搭接的接缝处会因存留的各种杂质，如油脂、污水等的侵蚀而锈蚀，因此必须在钣金件接缝处喷涂底漆，如图14-18所示。

5. 对旧涂层喷涂底漆

如果旧涂层经过打磨后没有裸露出金属底材，则可以不喷涂底漆，直接喷涂中涂漆或施涂原子灰；如果旧涂层打磨后有部分区域露出了金属底材，则只要对裸露的金属部位喷涂底漆而不必全面喷涂，对小部分裸露金属的处理也可以适当简化，可以不喷涂侵蚀性底漆。喷涂过底漆的部位必须经过打磨后才能喷涂中涂漆或面漆。必须将所喷涂的底漆打磨平整、光滑，并打磨出羽状边。

6. 塑料件的底漆喷涂

塑料件在喷涂时需要使用专用的塑料底漆。首先，用塑料专用清洁剂清洁塑料件表面，然后用 1.7~1.9mm 口径的喷枪喷涂 1 或 2 遍，间隔时间为 5~10min。在塑料底漆未干燥时直接喷涂中涂或面漆，漆面的黏附效果会更好，但如果需要刮涂原子灰等，则必须等其完全干燥。

图 14-18　钣金件接缝处喷涂底漆

三、底漆的干燥

车身钣金件底材喷涂无铬环氧底漆后，一般需要自然干燥（20℃左右）约 30min。也可使用短波红外烤灯，保持 0.7~0.8m 的距离，烘烤约 10min，具体的干燥时间应参照生产厂商的要求。

 实际操作

以保险杠为例，底漆的施工流程及方法如下：

1）对漆面受损区域进行适当遮护。使用遮蔽胶带、遮蔽纸对可能受打磨施工影响的区域进行遮护。

2）使用打磨机配合砂纸打磨受损区域，将其磨出羽状边，如图 14-19 所示。

3）使用擦拭布蘸抗静电清洁剂，对受损区域进行清洁。

4）如图 14-20 所示，喷涂合适的塑料底漆。一般喷涂两层底漆，第一层轻喷受损区域，第二层适当扩大喷涂区域即可。

图 14-19　打磨受损区域　　　　　图 14-20　喷涂合适的塑料底漆

5）如图 14-21 所示，使用红外线烤漆灯干燥底漆。

6）如图 14-22 所示，使用打磨机对底漆进行打磨，为喷涂面漆做准备。

图 14-21　干燥底漆

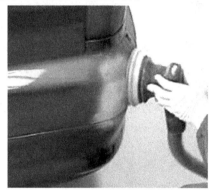

图 14-22　打磨底漆

 你学会了吗?

1. 喷涂底漆之前有哪些准备工作？
2. 各种底漆的喷涂如何操作？
3. 底漆的施工流程及方法是怎么样的？

第 56 天　原子灰的施工

 学习目标

1. 学会原子灰的刮涂方法。
2. 掌握原子灰的干燥方法。
3. 掌握原子灰的打磨方法及注意事项。
4. 熟悉原子灰的修整方法。
5. 熟悉原子灰的施工流程及方法。

 基础知识

一、原子灰的刮涂

1. 原子灰刮涂的基础

（1）原子灰刮涂的作用

刮涂原子灰主要是将凹陷部位填平，从而减小整个表面的不平度，便于喷涂面漆层。对于非常平整的钣金件，喷完底漆后，即可进行面漆的涂装。但是，对于不够平整的表面，特别是经过钣金处理后的表面，由于凸凹较大，底漆很难将其填平，需要进行原子灰刮涂。

（2）原子灰的覆盖面积检查

为确定要准备多少原子灰，需再次估计损坏的程度，如图14-23所示。

注意：此时不能触及有关的区域，以防止在有关部位沾上油迹。

2. 原子灰的刮涂方法及注意事项

（1）刮涂方法

1）原子灰填补凹陷。如图14-24所示，一般左手拿刮灰板，右手拿刮刀。先取一些调好的原子灰，将刮刀竖起沿着修补部位填补凹陷。

图14-23 检查需要刮涂原子灰的损坏表面

注意：原子灰和修补部位之间不允许有气泡，否则会降低其附着力。

2）横拉刮法。如图14-25所示，将刮刀与修补部位呈15°～25°夹角，使原子灰沿从左至右的顺序刮一遍。每次以同样的方法覆盖上次刮涂面积的1/3，压力可以适当增大。

图14-24 刮刀拿法

图14-25 横拉刮法

刮涂原子灰操作

3）竖拉刮原子灰。如图14-26所示，将刮刀倾斜35°～45°，使原子灰沿着从上到下的方向刮一遍。每次覆盖上一次刮涂面积的1/3，压力不能太大，这次刮涂主要是为了将原子灰留在欲修补部位。

4）收原子灰。最后绕同一方向沿四周收边并清除多余的原子灰，如图14-27所示。压力要足够大才能将修补部位边缘的原子灰收集干净，但不要破坏已刮涂平整的修补部位。

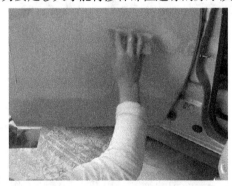

图14-26 竖拉刮原子灰

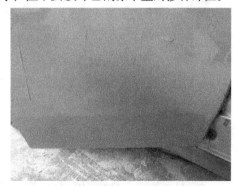

图14-27 收原子灰

（2）刮涂的注意事项

1）若刮刀在刮涂原子灰时仅向某一个方向移动，则原子灰高点的中心就会移动。这种情况很难打磨，因此刮刀在最后一道中必须反向移动，以使原子灰高点移回中央。

2）新刮的灰层必须比原来的表面高，但最好只略高一点，如果太高则会增加打磨工作量。

3）新原子灰的刮涂范围必须以打磨时的划痕为限，如果没有原子灰打磨划痕，则不允许刮灰，否则会导致粘不牢。

4）刮涂原子灰动作要快，在约3min内要刮完，时间太长会使原子灰固化，影响刮涂效果。

二、原子灰的干燥

新刮涂的原子灰会因自身的反应热而变热，从而加速固化反应。一般在施涂后20～30min即可打磨。如果气温低或湿度高，则原子灰的固化反应速度会降低，从而需要较长的时间来使原子灰固化。为了加快固化，可以使用烤漆灯、红外线灯或干燥机进行干燥。

1. 烤漆灯加热固化

如图14-28所示，用烤漆灯加热固化。

注意：干燥时的加热温度应控制在50℃以内，否则原子灰会分离或龟裂。

2. 红外线灯加热固化

如图14-29所示，红外线灯使用简便、高效节能，而且是自里向外干燥，大大减少了里干外不干或存在气泡的现象。但加热时要保证原子灰表面温度在80℃以下。

图14-28　用烤漆灯加热固化

图14-29　红外线灯加热固化

3. 原子灰干燥的判断方法

确定原子灰是否干燥的方法是用指甲在薄原子灰层表面划一下，如果出现坚硬的白色痕迹则表明原子灰已经固化，可以打磨。

三、原子灰的打磨

1. 手工打磨原子灰

手工打磨适于对小面积原子灰进行粗磨，也包括大面积的细磨，以及有些精细工作，如对型线、曲面、转角、圆弧、弯曲等部位的修整。手工打磨是在磨块（木块或橡胶块）上包100号水砂纸进行沾水湿磨或冲水湿磨，如图14-30所示。手工打磨的步骤如下：

1）选用与磨块大小相配的砂纸或者把砂纸裁剪好，使其与磨块尺寸相配。

2）将砂纸固定在磨块上，把磨块平放到打磨面上，沿磨块的长度方向均匀施加中等程度的压力，不得急于求成而用力过猛，否则可能导致原子灰被磨穿或磨出凹坑。

3）打磨时，磨块做前后往复摩擦运动，打磨行程为较长的直线。不要使磨块做圆周运动，应始终沿车身外形线方向打磨。

手工打磨原子灰操作

图14-30 沾水湿磨

2. 机械打磨原子灰

常用的机械打磨机有圆盘式打磨机和往复式打磨机。主要是将黏性砂纸粘贴在打磨机衬盘上使用。机械打磨的操作方法如下：

1）将砂纸粘贴在打磨机衬盘上。如果用的是自粘贴砂纸片，则只需将二者中心对正压紧即可，但在压紧前一定要把中心对准，如图14-31所示。

2）双手握持打磨机手柄，先用粗砂纸打磨。原子灰表面的刮痕基本消除后，应及时更换细砂纸，磨至原子灰表面与周围高度相近，以留出足够的手工细磨余量。机械打磨时，如果出现结球现象，则应及时更换砂纸，否则结球会堆积在一起划伤表面，并降低磨具的打磨效果。

3）打磨操作完成后，立即把砂纸从衬盘上取下，否则黏结剂凝固后，砂纸与衬盘会贴得很牢固。一旦砂纸被粘牢，便只能用抹布蘸溶剂将黏结剂溶解，才能取下砂纸。

图14-31 砂纸粘贴在打磨机衬盘

3. 原子灰的打磨注意事项

1）打磨时不能施力过大，应将打磨机轻轻压住，靠旋转力进行打磨。若施力过大，则不能形成平整表面。

2）根据不同的要求，正确选用砂纸粒度。手工打磨板的移动方法和打磨机相同。

3）应在原子灰固化过程中最适宜的阶段进行打磨作业。硬度适宜的区间一般为刮涂原子灰后 25～70min。

四、原子灰的修整

1. 原子灰的修整意义

打磨完成后，要检查原子灰表面，若发现有砂纸磨痕、气孔和小的伤痕，则应马上修补。因为喷底漆中途再修整的话，往往更麻烦。尽可能在该工序使表面平整，消除引起缺陷的因素。但是，如果原子灰的施工非常标准，特别是在刮涂完普通原子灰后，又刮涂了一薄层细原子灰，则打磨后表面会非常平整，几乎不存在气孔及深度划痕，这种情况下无须涂填眼灰。

2. 原子灰的修整方法

（1）清除手工打磨砂纸磨痕

修补原子灰或复合油灰表面的打磨部位后，必须消除砂纸磨痕，如图14-32所示。

（2）清除原子灰与旧涂膜的边缘

清除原子灰与旧涂膜的边缘交接处，如图14-33所示。主要目的是消除砂纸磨痕，防止这些痕迹渗透到涂膜表面。

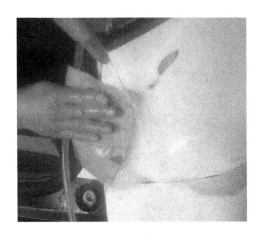 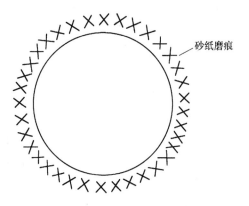

图14-32　清除砂纸磨痕　　　　　图14-33　清除原子灰与旧涂膜的边缘

（3）气孔的修整

1）用原子灰刮刀取少量填眼灰置于原子灰托板上，也可以将填眼灰置于另一个刮刀刀片上，如图14-34所示。填眼灰一般不需要添加固化剂，取出后即可使用。

2）如图14-35所示，刮涂时用小原子灰刮刀，通过刀尖部取极少量的填眼灰，对准气孔及划痕部位，用力将填眼灰压入气孔或划痕内，必要时可填补多次。

3）填眼灰刮涂后，在自然条件下5～10min即可完全干燥，必要时也可以烘烤。

4）填眼灰刮涂后，会破坏原来打磨平整的原子灰表面，另外，填眼灰的性能不如原子灰，因此必须将多余的填眼灰完全打磨掉，如图14-36所示。一般采用240～320号砂纸进行湿磨。打磨时要配合磨块，直到孔和划痕外的填眼灰完全被打磨掉为止。

5）将打磨后的填眼灰表面清洁干净，准备进入下一个工序。

图14-34 取少量填眼灰

图14-35 将填眼灰压入气孔或划痕内

刮涂填眼灰

图14-36 打磨填眼灰

打磨填眼灰

 你学会了吗?

1. 刮涂原子灰有哪些方法？
2. 刮涂原子灰有哪些注意事项？
3. 原子灰如何干燥？
4. 如何手工打磨原子灰？
5. 如何用打磨机打磨原子灰？
6. 原子灰的打磨注意事项有哪些？
7. 如何修整原子灰？

第57天　中涂漆层的施工

学习目标

1. 掌握中涂漆层的喷涂知识及方法。
2. 熟悉中涂漆层的干燥方法。
3. 学会中涂漆层的修整方法。
4. 学会中涂漆层的打磨方法。
5. 熟悉中涂漆层的施工流程及方法。

基础知识

一、中涂漆层的喷涂知识及方法

1. 中涂漆层的作用与特点

（1）中涂漆层的作用

1）增强涂层间的附着力。

2）填补微小划痕、凹凸不平，平整表面。

3）隔离封闭作用，防止面漆涂料溶剂浸透产生渗色。

4）保证面漆涂层具有一定的弹性、韧性，以提高面漆的光泽程度。

（2）中涂漆层的特点

1）中涂漆层与原子灰层、旧涂层、面漆层有良好的配套性，能够同时为底漆层和面漆层提供良好的附着力。

2）中涂漆层有良好的填充性能，经打磨后能消除原子灰上的轻微划痕、砂痕、砂孔等。

3）中涂漆层有良好的隔离性能，可防止底漆层、原子灰层、旧涂层中的不良物质向面漆层渗出进而污染漆膜表面，破坏面漆层的装饰性。同时能阻止面漆层的溶剂渗透到底漆层、原子灰层、旧涂层中。

4）中涂漆层具有良好的防渗透性，可以提高面漆的光泽度，因此可以极大地提高面漆的装饰性。

5）中涂漆层干燥后硬度适中，有良好的打磨性和耐水性，湿磨后表面平整光滑，无起皱、脱皮等现象，局部漆层边缘平滑性好，无接口痕迹。

2. 中涂漆层的喷涂前准备

（1）清洁与遮盖

先用压缩空气清除表面粉尘。若进行过湿打磨，则应做去湿处理，使被喷涂表面干燥。粉尘清除干净后，再用脱脂剂进行脱脂处理。遮盖原子灰填补区四周后，方可喷涂中涂底漆，如图14-37所示。

（2）准备中涂底漆

如图14-38所示，准备好中涂底漆。调制好的中涂底漆应在时效期内尽快使用。

3. 中涂漆层的喷涂方法

（1）中涂漆层的喷涂顺序

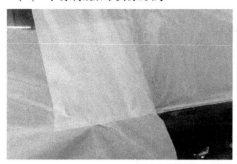

图 14-37　遮盖原子灰填补区

图 14-38　准备中涂底漆

1）先在修补边缘交界处薄薄地喷涂，主要是使旧涂膜与原子灰的交界面融合。

2）待其稍干后，给整个原子灰表面薄薄喷一层，喷涂后形成的表面应平整光滑，取适当的时间间隔，分几次薄薄地喷涂。一般要喷 3~4 次，如图 14-39 所示。每道间隔时间 5~10min（常温）。

（2）中涂漆层的喷涂效果检查

喷涂结束后将报纸拆开，中涂漆层表面应基本平整，并且光滑，如图 14-40 所示。

4. 中涂漆层的喷涂注意事项

1）环氧中涂底漆一般是底漆层、中涂层合一。该涂料用于涂有底漆或原子灰的涂面，对底涂层附着力好，并有填平原子灰层砂孔、砂痕的能力，可防止面漆层的光泽被底涂层吸附。

2）硝基中涂底漆为单组分，干燥迅速、易于打磨，经打磨后表面平整光滑。

3）面漆采用聚氨酯涂料时，中涂底漆也应采用聚氨酯类。

4）聚氨酯中涂底漆适合车顶和行李舱等部件的大面积涂装，同时也适合旧涂膜为硝基漆的涂装。

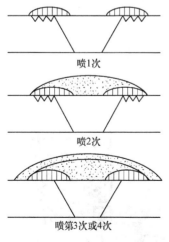

图 14-39　中涂漆层的喷涂顺序

图 14-40　中涂漆层的喷涂效果

二、中涂漆层的干燥

1. 中涂漆层的干燥操作

打磨中涂漆层前必须使其充分干燥。如果干燥不充分,则不仅打磨时涂料会粘砂纸,使打磨作业难以进行,过后还会出现涂膜缺陷。

1) 小面积区域的干燥可采用烤漆灯。
2) 大面积的干燥需使用烤漆房进行。

2. 中涂漆层的干燥时间

中涂漆层的干燥时间,见表14-1。

表14-1 中涂漆层的干燥时间

中涂漆层的种类	自然干燥时间(25℃)	强制干燥时间(60℃)
硝基类	30min 以上	10~15min
聚氨酯	6h 以上	20~30min
合成树脂	3h 以上	20min 以上

三、中涂漆层的修整

中涂漆层喷涂后,应仔细检查涂装表面有无砂纸打磨痕迹、气孔及其他缺陷。若有缺陷,则可用硝基类速干原子灰修补,用木刮刀或塑料刮刀薄薄地刮涂,不要一次填得过厚,最多只能填0.2mm。若一次填不满,则间隔5min再填。中涂漆层的修整,如图14-41所示。具体的方法如下:

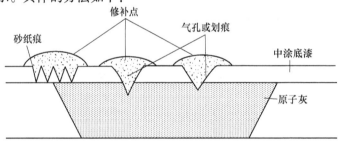

图14-41 中涂漆层的修整

1) 用刮刀刮涂薄薄的一层速干原子灰,如图14-42所示。
2) 重新检查,确保涂装层无气孔及其他缺陷。

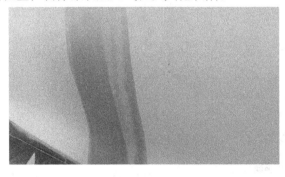

图14-42 刮涂速干原子灰

刮涂速干原子灰

四、中涂漆层的打磨

1. 中涂漆层的干打磨

（1）中涂漆层的干打磨方法

1）中涂漆层的打磨一般使用 P400~P600 号干磨砂纸配合 $\phi 3mm$ 偏心振动打磨头。如果面漆为单工序面漆，则使用 P400 号干磨砂纸；如果面漆为双工序面漆，则使用 P500 号砂纸。

2）对弯角、边缘及不易打磨处应手工对修补区域进行干磨。手工进行干磨时，也应使用软磨头或橡胶块，砂纸选用 P280~P400 号，均匀地横向打磨。

（2）中涂漆层的干打磨注意事项

为防止磨到修补区域之外的漆面，最好在需打磨区域的边界处用胶带保护。

2. 中涂漆层的湿打磨

（1）中涂漆层的湿打磨方法

1）用干磨机配合 P320~P400 号砂纸，对中涂漆层做初步打磨。

2）先把砂纸浸入水中，并把打磨表面弄湿。打磨过程中及时给打磨表面加水，防止打磨表面变干，如图 14-43 所示。

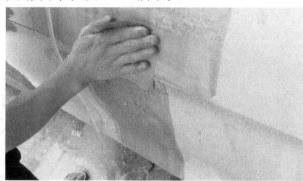

图 14-43 湿打磨操作

去除砂纸痕

3）使用 P600 号砂纸，用手湿打磨，并尽可能以旋转方式来减小砂纸痕。先以修补部位为中心，用 P400~P800 号砂纸将凸出部位磨平，然后用 P800 号砂纸或 P1200 号砂纸将整个表面打磨平整。

（2）中涂漆层的湿打磨注意事项

1）湿打磨时使用的垫块应柔软。

2）如果打磨过程中将中涂漆层磨穿，露出了底漆或原子灰，则必须补喷中涂底漆，并重新进行打磨。如果有些部位在打磨过程中出现凹陷、气孔等情况，则必须重新施涂原子灰，将补涂的原子灰打磨后再喷涂中涂漆，然后进行打磨。

3. 速干原子灰修补部位的打磨

速干原子灰修补部位的打磨，如图 14-44 所示。具体操作如下：

（1）湿打磨方法

对于用速干原子灰修补的部位，中涂漆层的表面打磨要以修补部位为中心，用

P320~P400号耐水砂纸，将凸出部分磨平，然后将整个表面打磨平整。

（2）干打磨方法

干打磨时使用往复式打磨机，先用P240号砂纸将凸起部位打磨平，随后用P320号砂纸整体打磨。

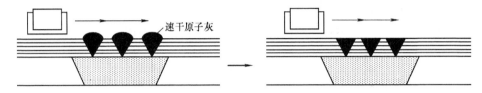

图14-44　速干原子灰修补部位的打磨方法

4. 清洁与检查

（1）清洁

1）若采用湿打磨，则要用清水冲洗干净打磨部位，然后用烤漆灯或棉毛巾等使表面除湿干燥，如图14-45所示。

2）若采用的是干打磨，则应用吸尘器或风枪将打磨粉尘彻底清除干净。

（2）检查

仔细检查中涂漆层表面，不能留有未经打磨部位。如果有则再用P400~P600号砂纸打磨。

棉毛巾擦干车身表面

图14-45　棉毛巾擦干车身表面

你学会了吗？

1. 中涂漆层有什么作用？
2. 中涂漆层的喷涂顺序是什么？
3. 中涂漆层的喷涂注意事项有哪些？
4. 中涂漆层如何干燥？
5. 如何修整中涂漆层？
6. 中涂漆层的打磨方法有哪些？如何操作？
7. 原子灰的施工流程及方法是怎么样的？

第58天　面漆的施工

学习目标

1. 了解面漆的喷涂方法。
2. 掌握面漆的整车喷涂工艺及流程。
3. 掌握面漆的局部修补涂装工艺及流程。
4. 熟悉面漆的整车喷涂施工流程及方法。
5. 熟悉面漆的局部修补涂装施工流程及方法。

基础知识

一、面漆的喷涂方法

面漆的喷涂方法主要有干喷、湿喷、湿碰湿、虚枪喷涂、雾化喷涂、带状涂装等六种。

1）干喷指喷涂时选择的溶剂要快干、气压较大、漆量较小、温度较高等，喷涂后漆面较干。

2）湿喷指喷涂时选择的溶剂要慢干、气压较小、漆量较大、温度较低等，喷涂后漆面较湿。

3）湿碰湿与湿喷相似，都是不等上道漆的溶剂挥发完就继续喷涂下一道漆。

4）虚枪喷涂就是在喷涂色漆后，将大量溶剂或固体调整得极低的涂料喷涂在面漆上。

5）雾化喷涂又称为飞雾法喷涂或飞漆，一般用于金属漆的施工。

6）带状涂装是针对喷涂某个钣金件表面的边缘时采用的方法。应将喷枪扇辐调得相对窄一些，即约10cm宽。

二、面漆的整车喷涂工艺及流程

1. 面漆的整车喷涂工艺

面漆的整车喷涂主要包括车顶、发动机舱盖、行李舱盖及车身侧面，主要涂装工艺如下。

（1）车顶的喷涂工艺

在车顶与风窗玻璃、后风窗玻璃交界处采用带状喷涂法进行涂装。首先，从靠近喷漆工的车顶边缘开始喷涂。尽可能使喷枪在距车顶表面15~20cm的范围内，从左到右，再从右到左进行喷涂，喷成中等湿度（每层走枪都是从车顶的边缘开始）。由于修补施工时多采用重力式或虹吸式喷枪，受喷枪杯的影响，喷枪的俯角受到一定限制（要尽可能保持垂直，不要把喷枪拿歪）。每层扇辐重叠覆盖60%~70%的区域，从边缘向中心喷涂，一直喷涂到可以看见明亮、柔和的光泽时为止。

（2）发动机舱盖的喷涂工艺

用黏性抹布把表面擦拭干净。采用带状喷涂法喷涂风窗玻璃与舱盖交界处（边缘最好不要采用带状喷涂法），扇幅重叠覆盖60%~70%的区域。每层都从边缘到中心进行喷涂，随后换到另外一边，从中心开始向边缘喷涂，每层扇幅覆盖约10cm宽。

（3）行李舱盖的喷涂工艺

用黏性抹布擦干净表面，要准备足够的面漆，避免喷涂中途面漆用完导致色差。采用带状喷涂方法，沿后风窗玻璃的底边喷涂一遍，两层扇幅重叠覆盖约60%~70%的区域。随后换到另一边，从中心开始向边缘喷涂。在整个喷涂过程中，涂层要湿，走枪速度要快。每层扇幅覆盖约10cm宽。

（4）车身侧面的喷涂工艺

用黏性抹布擦拭表面，备足面漆。由于车身侧面较长，需要采用分段喷涂法。在适合走枪的距离，采用带状喷涂法垂直喷涂一层，依此分隔成段。在这一段内从底部或顶部开始走两道枪，先从左到右，再从右到左，采用一道喷涂法继续喷涂下去。两道枪的扇幅重叠覆盖50%的区域，直到这一段表面全部被喷涂覆盖完毕。接着转移到下一段，仍采用带状喷法垂直向下喷一枪，划出第二段。重复上述操作，喷涂第二段，如此重复，直到该侧面全部喷涂完毕为止。

2. 面漆整车喷涂的基本流程

面漆的喷涂可根据涂料划分为素色漆喷涂和金属闪光漆喷涂两类。素色漆喷涂三次就能形成所需要的涂膜厚度、光泽和色调。金属闪光漆喷涂则要经过五次喷涂，这种漆比较光亮。

（1）素色漆喷涂基本流程

第一步：预喷涂

预喷涂是以喷雾状沿车身整体薄薄喷涂一层。目的：一是提高涂料与旧涂膜的附着力；二是确认有无排斥涂料的部位，如果有则在该部位稍微提高喷射气压，以覆盖住排斥涂料的部位。主要调整参数如下：

① 涂料黏度：16~20Pa·s（20℃）

② 喷涂气压：343kPa

③ 喷束直径：全开

④ 喷涂流量：1/2~2/3 开度

⑤ 喷涂距离：25~30cm

⑥ 空气喷枪运行速度：快

第二步：着色喷涂

着色喷涂可基本形成涂膜层，但需要达到一定的涂膜厚度，必须尽可能喷厚一些，这是最终获得良好表面质量的基础。为防止涂膜过厚产生流挂，主要调整参数如下：

① 涂料黏度：16~20Pa·s（20℃）

② 喷涂气压：343kPa

③ 喷束直径：全开

④ 喷涂流量：2/3~3/4 开度

⑤ 喷涂距离：20~25cm

⑥ 空气喷枪运行速度：适当

第三步：表面色调与平整度的调整

表面色调与平整度的调整是第二次喷涂已形成一定的涂膜厚度后，调整涂膜色调。为形成光泽喷涂就要加入透明涂料，有时为调整色调要加入干燥速度慢的稀释剂。主要调整参数如下：

① 涂料黏度：14~18Pa·s（20℃）
② 喷涂气压：294~343kPa
③ 喷束直径：全开
④ 喷涂流量：全开
⑤ 喷涂距离：20~25cm
⑥ 空气喷枪运行速度：适当

（2）金属闪光漆喷涂基本流程

第一步：预喷涂

预喷涂是以喷雾状沿车身整体薄薄喷涂一层。目的：一是提高涂料与旧涂膜的附着力；二是确认有无排斥涂料的部位，如果有则在该部位稍微提高喷射气压。主要调整参数如下：

① 涂料黏度：14~16Pa·s（20℃）
② 喷涂气压：393~490kPa
③ 喷束直径：全开
④ 喷涂流量：1/2~2/3 开度
⑤ 喷涂距离：25~30cm
⑥ 空气喷枪运行速度：快

第二步：着色喷涂

着色喷涂决定了涂膜的颜色。喷涂时不必在意出现的喷涂斑纹和金属斑纹。喷涂时，空气喷枪移动速度应稍快一点。着色喷涂涂料遮盖力较强，一般喷两次即可，但有的色调需要再喷涂一次。主要调整参数如下：

① 涂料黏度：14~16Pa·s（20℃）
② 喷涂气压：393~490kPa
③ 喷束直径：全开
④ 喷涂流量：2/3~3/4 开度
⑤ 喷涂距离：20~25cm
⑥ 空气喷枪运行速度：稍快

第三步：过渡喷涂

过渡喷涂主要是将50%的金属闪光磁漆与50%的透明漆混合。第三次喷涂可修正第二次喷涂形成的喷涂斑纹和金属斑纹，目的是形成金属质感，防止喷涂透明层时引起金属斑纹。主要调整参数如下：
① 涂料黏度：11～13Pa·s（20℃）
② 喷涂气压：393～490kPa
③ 喷束直径：全开
④ 喷涂流量：1/2～2/3 开度
⑤ 喷涂距离：20～25cm
⑥ 空气喷枪运行速度：快

第四步：透明清漆的预喷涂

透明层清漆的预喷涂不能太厚，一次喷涂太厚会使金属颗粒的排列被打乱，因此要采取薄喷的方法。主要调整参数如下：
① 涂料黏度：12～14Pa·s（20℃）
② 喷涂气压：294～343kPa
③ 喷束直径：全开
④ 喷涂流量：1/2～2/3 开度
⑤ 喷涂距离：20～25cm
⑥ 空气喷枪运行速度：稍快

第五步：透明清漆的精细喷涂

透明清漆的精细喷涂是最后一次喷涂。喷涂时，要边观察涂膜的平整度边仔细喷涂。如果采用快速移动空气喷枪的方法往返两次覆盖，则能得到很理想的表面色泽。在车顶、行李舱盖、发动机舱盖等处喷涂两次为好。主要调整参数如下：
① 涂料黏度：11～13Pa·s（20℃）
② 喷涂气压：294～343kPa
③ 喷束直径：全开
④ 喷涂流量：2/3 到全开
⑤ 喷涂距离：20～25cm
⑥ 空气喷枪运行速度：普通或稍慢

三、面漆的局部修补涂装工艺及流程

1. 面漆的局部修补涂装工艺

面漆的局部修补涂装主要包括整块车身钣金件修补涂装和车身钣金件局部涂装，主要工艺如下。

（1）整块车身钣金件修补涂装

整块车身钣金件修补与面漆的整车喷涂不同，喷涂整车面漆时，面漆的颜色不做重点考虑，因为只要保持整车颜色的一致性，与车主指定的颜色色号相符即可。而整块车身钣金件修补则必须考虑到该钣金件的颜色与车身上其他部位原厂漆的色差。因此，在进行整块车身钣金件修补之前，必须确保修补漆与车身原厂漆调色一致。具体喷涂工艺如下。

1）喷涂第一道面漆时宜少宜薄，如果喷涂量过多过厚，则稀释剂易将底漆咬起。喷涂时，喷枪与被涂面距离可适当远些，喷枪喷出扇面可适当调宽，重叠宽度为1/2～1/3。喷涂的时间间隔约为20min左右。

2）喷涂第二、三道时，可横喷、纵喷再横喷，使漆膜均匀，待漆膜完全干燥后，再喷涂二至三层即可。

（2）车身钣金件局部修补涂装

车身钣金件局部修补涂装比整块车身钣金件修补更注重光泽一致性，表面的鲜映性也应大体相同，保证修补处与四周几乎浑然一体，肉眼几乎完全无法分辨。因此必须有良好的润色工艺，使被修补处的四周呈平缓、逐步的过渡。具体喷涂工艺如下。

1）先用第一把喷枪在中间涂层的表面上喷涂第一层面漆，每次走枪开始和结尾时采用收边施工法。然后，用第二把喷枪将消雾圈涂料喷涂于修补处的边缘，间隔数分钟后，以同样的方法喷涂第二、三层，每一层都要比前一层范围大些，直到达到全遮盖。

2）喷涂后，在常温下干燥1h，随后喷涂三层透明清漆即可。

2. 面漆局部修补涂装的基本流程

面漆的局部修补涂装可划分为素色漆喷涂和金属闪光漆喷涂两种，主要流程如下。

（1）素色漆喷涂基本流程

第一步：预喷涂
第一次喷涂薄薄的一层，以提高底层和旧涂膜与涂料的亲和力。
第二步：着色喷涂
第二层着色喷涂，前两层涂料的喷涂黏度为14～16Pa·s。
第三步：修饰喷涂
第三层修饰喷涂涂料黏度为13～14Pa·s，修补操作喷涂气压为245～294kPa，喷涂距离为250mm，雾束开度和出漆量根据修补面积的大小调整，若修补面积小，则适当减小。
第四步：修补边缘色差处理
用30%的聚氨酯磁漆加入70%的稀释剂，在新喷涂层与旧涂膜的交界处薄薄地喷一层，避免色差过于明显，但不要喷得太多，否则会产生流挂。

（2）金属闪光漆喷涂基本流程

第一步：喷涂金属闪光漆

先在中涂底漆层四周喷一层透明清漆，使所喷的金属闪光磁漆更光滑。然后薄薄喷一层金属闪光磁漆，提高其与中涂底漆和旧涂膜的亲和力。最后喷涂确定涂层的颜色，一般喷二至三遍，如果着色不好，则需要喷三至四遍。着色喷涂不要喷得过厚，要均匀地喷涂薄薄一层。

第二步：金属漆面的消斑处理

将50%的金属闪光磁漆与50%的清漆混合，黏度调至 $11\sim12Pa\cdot s$。喷涂时比第一步喷得要更宽一些。喷涂时应使涂料呈雾状，薄薄地喷涂，以消除斑纹，调整金属质感，同时兼有晕色处理作用。每两次喷涂之间，需设置 $10\sim15min$（20℃）的间隔时间。

第三步：清漆的喷涂

清漆的喷涂面积要扩大一些。第一次薄薄地喷一层，约间隔5min再喷第二次。喷涂时要边观察色调边喷，以形成光泽。

第四步：修补边缘色差处理

将20%的清漆与80%的稀释剂混合，在新喷涂层与旧涂膜的交界处薄薄地喷一层，避免色差过于明显，但不要喷得太多，否则会产生流挂。

 实际操作

一、面漆的整车喷涂施工流程及方法

1. 烤漆房的清洁

烤漆房的清洁包括墙面和地板的清洗，如图14-46所示。

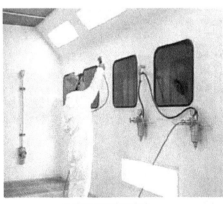

a) 烤漆房的墙面清洗　　　　b) 烤漆房的地板清洗

图14-46　烤漆房的清洁

2. 面漆整车喷涂前的准备

（1）工作表面的除尘、除水

用风枪将压缩空气吹向待涂工作表面及其相邻区域，确保这些区域完全没有灰尘、污物和水汽，如图 14-47 所示。

（2）工作表面的脱脂处理

首先用浸有除油剂的毛巾擦拭车身表面，使其湿润。然后用清洁、干净的毛巾将浮起的油迹在除油剂干燥之前擦除，如图 14-48 所示。

 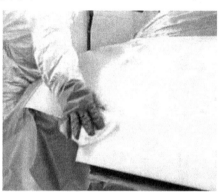

图 14-47　工作表面的除尘、除水　　　图 14-48　工作表面的脱脂处理

3. 面漆的准备

将调好色的面漆按所需的量取出，经过滤后加到喷枪内，如图 14-49 所示。

4. 烤漆房环境温度的调整

如图 14-50 所示，打开烤漆房的喷涂模式开关，将喷涂环境温度控制在 20～25℃，预热 10min。

图 14-49　面漆的准备　　　图 14-50　烤漆房环境温度的调整

5. 面漆的整车喷涂作业

（1）预喷涂

如图 14-51 所示，以 300mm 的喷涂距离对喷涂表面进行薄喷涂，至涂层有少许光泽

时停止喷涂，然后检查涂层表面有无缩孔。

注意：涂层表面如果有缩孔，则应提高喷涂压力，用干喷法再次喷涂表面，以便吹除缩孔。

预喷涂后，待面漆闪干6～10min，即可进行着色喷涂。

（2）着色喷涂

如图14-52所示，将出漆量调节旋钮再退出一圈，喷涂距离改为250mm，进行面漆的着色喷涂。

注意：如果底材没有完全被遮盖，则一般情况下只需要重涂暴露的面积。这时要减小喷涂压力和出漆量，空气喷枪要靠近一些，防止相邻部位涂膜粗糙。着色喷涂要求尽可能喷厚一些，但不能产生流挂。

图14-51 预喷涂

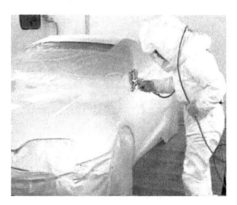

图14-52 着色喷涂

（3）修饰喷涂

向空气喷枪的涂料杯中加入干燥速度较慢的稀释剂，将涂料黏度调整为14～16Pa·s，适当减小喷涂压力，以与着色喷涂相同的方法进行喷涂，如图14-53所示。修饰喷涂的主要目的是调整涂层表面的色调和平整度，涂层表面光泽不理想时可以适当加入清漆，以14Pa·s的涂料黏度再修整喷涂一次。

6. 面漆层的干燥

（1）面漆层固化

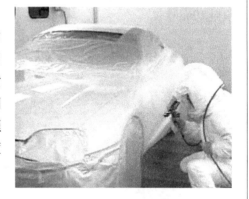

图14-53 修饰喷涂

如图14-54所示，面漆喷涂结束后，静置15min，使面漆固化，溶剂自然挥发。

（2）烤漆房升温

如图14-55所示，将烤漆房升温，在60℃下干燥35min。面漆干燥结束后，趁车身冷却前，清除所粘贴的遮盖胶带和遮盖纸。

图 14-54　面漆层固化

图 14-55　烤漆房温度控制箱

二、面漆的局部修补涂装施工流程及方法

1. 喷涂前的准备

1）用风枪将压缩空气吹向待涂工作表面和相邻区域，以确保这些区域完全没有灰尘、污物和水汽。

2）使用遮蔽纸及胶带将喷漆以外的部分遮蔽起来，避免喷漆的时候色漆飞溅在车身其他表面。

3）如图 14-56 所示，用浸蘸有除油剂的纸巾擦拭一遍车身表面，使表面湿润。

4）在喷色漆之前进行最后一道除尘。用粘尘纸除尘时，轻轻擦拭被喷漆表面的灰尘，如图 14-57 所示。

图 14-56　喷漆表面的除油

图 14-57　用粘尘纸除尘

喷漆表面的除油

用粘尘纸除尘

2. 面漆的准备

如图 14-58 所示，将调好色的面漆按所需要的量取出，经过滤后加入到喷枪内。

3. 烤漆房环境温度的调整

打开烤漆房的喷涂模式开关，将喷涂环境温度控制在 20 ~ 25℃ 之间，预热 10min。

准备色漆

图 14-58　过滤色漆

4. 喷漆操作

1）预喷涂，如图 14-59 所示。

2）着色喷涂，如图 14-60 所示。

图 14-59　预喷涂　　　　　　　　　图 14-60　着色喷涂

第一次喷色漆　　　　　　　　　第二次喷色漆

3）修饰喷涂，如图 14-61 所示。

4）面漆干燥结束后，趁车身还未冷却之前，清除所粘贴的遮盖胶带和遮盖纸，如图 14-62 所示。最后将车辆移出烤漆房并将烤漆房清洁干净。

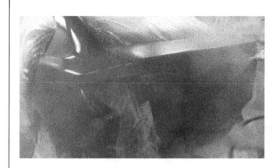 

图 14-61　修饰喷涂　　　　　　　　图 14-62　清除所粘贴的遮盖胶带

车身喷清漆

你学会了吗?

1. 面漆的喷涂方法有哪些?
2. 面漆的整车喷涂工艺有哪些?
3. 素色漆喷涂基本流程是什么?
4. 金属闪光漆喷涂基本流程是什么?
5. 面漆的局部修补涂装工艺是什么?
6. 面漆局部修补涂装的基本流程是什么?
7. 如何进行整车面漆的喷涂?
8. 如何进行面漆的局部修补涂装?

第十五章

面漆喷涂后的修整与护理必知必会

第59天　面漆喷涂后的修整

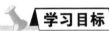

1. 了解面漆喷涂后的修整意义。
2. 掌握面漆喷涂后的修整方法。

面漆的喷涂结束后，还需要进行最后的修整工作。面漆喷涂后的修整主要包括清除车身遮蔽、修理小范围内的故障等。

1. 清除车身遮蔽方法

1）如图15-1所示，清除车身遮蔽工作应从面漆的边缘部位开始，决不能从胶带中央穿过面漆揭开胶带。揭除动作应仔细缓慢，并使胶带呈锐角均匀地离开表面。

2）清除时不要碰到刚刚喷涂过的面漆区域，还应防止宽松的衣服蹭伤面漆。这些表面尚未干透，碰到后会引起损伤，带来不必要的麻烦。

2. 修理小范围内的故障

喷涂过程中，面漆表面常会因各种原因造成一些微小的瑕疵，如流挂、个别涂膜颗粒（脏点）微小划擦痕迹和凹坑等，因此必须进行修理。

图15-1　清除车身遮蔽

实际操作

一、涂膜的凹陷修整操作

面漆喷涂完毕后,涂膜上常会有因喷涂表面不净,留有油渍、汗渍等造成涂膜张力变化而形成的小凹坑,或是清除贴护时造成的小范围涂膜剥落等现象。对这些部位进行补漆操作时,若缺陷位置不明显,则一般不需要用喷枪,只需用小毛笔或牙签等对凹陷部位进行填补。但如果缺陷部位非常明显,或处于需要涂膜完美的车身位置,如发动机舱盖或翼子板等,则一般需要采用点修补的方法来修理。而用牙签或小毛笔填补凹陷则最好在涂膜未干时操作,如果涂膜已经干燥,则会造成填补部位附着不良和颜色差异。具体操作如下。

1)若面漆漆膜已经基本干燥,则需要用清洁剂对需要填补的区域进行清洁。如图15-2 所示,如有必要则可用 P800 号以上的细砂纸进行简单水磨,但打磨区域不可过大,只起提高附着力的作用即可,然后用清洁剂清洁干净。

2)用牙签或小毛笔蘸少许面漆(为保证没有色差,最好用富余的面漆。若为双组分涂料,则必须添加固化剂),并迅速滴到故障部位(鱼眼)或描绘于需要填补的部位,如图15-3 所示。

图15-2 细砂纸进行简单水磨

图15-3 填补面漆

细砂纸进行简单水磨

填补漆膜缺陷

3)用另一支小毛笔蘸取少许面漆稀释剂涂抹在修饰部位,使修饰部位变得较为平整,并利用稀释剂的晕开和溶解作用使修补部位与周围面漆融合。

4)待完全干燥后可涂抹抛光蜡,如图15-4 所示。

5)最后进行打磨并进行抛光处理,如图15-5 所示。

二、漆膜流挂及颗粒的修整操作

流挂是常见的故障,受喷涂环境的影响,涂膜表面出现固体颗粒也是不可避免的。

若流挂的面积很小，涂膜表面颗粒很少，则可用单独修理的方法进行处理。**注意：修理必须在涂膜完全干燥的情况下进行。**首先平整流挂或颗粒部位，然后用抛光的方法使修理部位与其他部位光泽一致，消除修理痕迹。

(1) 平整修理

平整流挂和小颗粒多采用打磨方法，但对流痕或颗粒比较大的情况，往往先用刮刀将流痕或大颗粒削平，然后再用较细的砂纸打磨以加快工作速度。

图15-4 涂抹抛光蜡

图15-5 进行抛光处理

1）打磨流挂部位一般使用P1200～P2000号水磨砂纸配合硬质打磨垫块（不可用软打磨垫），如图15-6所示。较细的砂纸产生的打磨痕迹比较容易抛光，但有时需要打磨的区域比较大，为提高效率可先用较粗的砂纸（如P800～P1000号）打磨一遍，待基本完成后再逐级用细一级的砂纸打磨，直到打磨痕迹可用抛光法消除为止。注意不要跨级使用砂纸。

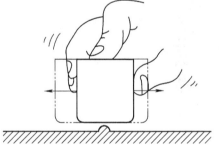

图15-6 水磨砂纸配合硬质打磨垫块

漆面抛光处理

打磨时，为防止磨到周围不需打磨的部位，可用胶带对不需打磨的区域进行贴护。打磨的手法应使打磨垫块尽量平行于面漆涂膜，手法要轻一些，先用水将水磨砂纸润湿，然后在打磨区域上洒一些肥皂水，这样可以充分润滑打磨表面，不至于产生太大的砂纸痕迹。打磨时要非常仔细，经常用胶质刮水片刮除打磨区域的水渍以观察打磨的程度，只要流挂部位消除并与周围涂膜齐平即可，千万不要磨穿或使漆膜过薄，要给抛光留出余量，并保证抛光后仍有足够的膜厚。对边角等涂膜比较薄且极易磨穿的位置尤其要小心。

2）对于颗粒等小范围的打磨，一般使用小型打磨块配合P1500～2000号水磨砂纸。如果颗粒过大或流痕凸出部位非常明显，则应先用刮刀刮除，然后再进行打磨，如图15-7所示。用刮刀刮除工作效率比较高，但操作时刀刃应略向上方倾斜，不可切削过量。

图 15-16　漆面抛光蜡灰

2）如图 15-18 所示，用棉毛巾擦干车身上的水珠，并用气压枪吹干缝隙及隐蔽部位的水分。操作时，左手拿棉毛巾，右手拿气压枪，一边吹一边用棉毛巾挡住，以免杂质飞溅入眼睛。

图 15-17　擦洗车身　　　　　　　图 15-18　吹干车身水珠

3）如图 15-19 所示，用打蜡机上蜡，并进行抛光处理。

4）如图 15-20 所示，用棉毛巾小心地把漆面擦干净。

图 15-19　打蜡机上蜡　　　　　　图 15-20　清洁漆表面的蜡末

5）用海绵打上光蜡，如图 15-21 所示。

6）全车打完上光蜡后，用棉毛巾来回擦拭抛光，使蜡均匀附在面漆上，如图 15-22 所示。

图 15-21　打上光蜡

图 15-22　手工抛光

7）用牙刷将多余的蜡刷掉，如图 15-23 所示。

8）经过打蜡上光后的车辆应靓丽如新、色泽鲜艳，如图 15-24 所示。

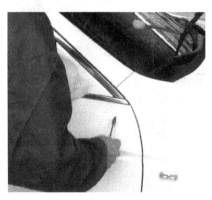

图 15-23　清洁多余的蜡

图 15-24　检查打蜡效果

你学会了吗？

1. 面漆抛光注意事项有哪些？
2. 手工抛光如何操作？
3. 抛光机抛光如何操作？
4. 面漆打蜡注意事项有哪些？
5. 如何上蜡？
6. 面漆抛光施工流程及方法是什么？
7. 面漆打蜡施工流程及方法是什么？

参 考 文 献

［1］吴兴敏. 汽车车身结构与维修［M］. 西安：西安电子科技大学出版社，2006.
［2］程玉光. 机动车维修车身修复人员岗位技能训练［M］. 北京：机械工业出版社，2006.
［3］陈志. 车辆尾部碰撞修复浅谈［J］. 汽车维修与保养，2007（7）：69-70.
［4］戴耀辉. 轿车车身修理与涂装技术培训教程［M］. 北京：机械工业出版社，2003.
［5］尹根雄. 汽车油漆调色技术教程［M］. 北京：机械工业出版社，2009.
［6］夏坤. 汽车车身钣金修复技术［M］. 北京：人民交通出版社，2013.
［7］张湘衡. 汽车车身碰撞修复［M］. 沈阳：辽宁科学技术出版社，2011.
［8］杨永海. 汽车车身构造与修复技术［M］. 济南：山东科学技术出版社，2007.